新时代
个体成长密码
长板原理

冯正广　苏　斌　主　编
陈　程　李小红　副主编

北京大学出版社
PEKING UNIVERSITY PRESS

内 容 简 介

本书旨在指导学生了解什么是长板原理，帮助学生挖掘自己的长板，发展和发挥自己的长板，形成个人成长不可替代的核心竞争力，有效地促进学生人生价值的实现。本书将长板划分为两大类型，分别是“职业性、学业性长板”和“非职业性、非学业性长板”，十大长板包含人际长板、管理领导长板、商业长板、语言长板、左脑长板、空间长板、觉察长板、观察长板、右脑长板、身体动觉长板。

本书既可以作为本专科院校相关公共课教材，也可作为相关从业人员的培训教材。

图书在版编目（CIP）数据

新时代个体成长密码：长板原理 / 冯正广，苏斌主编. -- 北京：北京大学出版社，2025. 1.
-- ISBN 978-7-301-35772-9

Ⅰ. G645.5

中国国家版本馆 CIP 数据核字第 202445C29L 号

书　　名	新时代个体成长密码——长板原理 XINSHIDAI GETI CHENGZHANG MIMA——CHANGBAN YUANLI
著作责任者	冯正广　苏斌　主编
策划编辑	李娉婷
责任编辑	赵天思
标准书号	ISBN 978-7-301-35772-9
出版发行	北京大学出版社
地　　址	北京市海淀区成府路 205 号　100871
网　　址	http://www.pup.cn　　新浪微博：@ 北京大学出版社
电子邮箱	编辑部：pup6@pup.cn　总编室：zpup@pup.cn
电　　话	邮购部 010-62752015　发行部 010-62750672　编辑部 010-62750667
印 刷 者	北京圣夫亚美印刷有限公司
经 销 者	新华书店
	720 毫米 × 1020 毫米　16 开本　9 印张　150 千字
	2025 年 1 月第 1 版　2025 年 1 月第 1 次印刷
定　　价	35.00 元

序

“长板原理”与高校人才个性化培养的基本路径

邹广严

2013年，在多年对人才培养规律进行研究和开展教育实践的基础上，我提出了教育和人才培养的“长板原理”。在此之后，成都锦城学院全校师生做了很多研究和实践去丰富和发展这项理论，取得了很好的育人成果。实践证明，“长板原理”是高校人才个性化培养的一种突破，也是面向未来教育改革的必然选择。

一、什么是“长板原理”

“长板原理”是针对短板原理（亦称木桶效应）而言的。短板原理理论由美国管理学家劳伦斯·彼得提出，意思是盛水的木桶是由许多块木板组成的，若其中一块木板较短，盛水量就会被这块短板所限制。换言之：木桶的盛水量取决于它最短的那块板。短板原理理论认为：一个企业、一个组织要发现自己的短板并设法补齐它。

彼得提出的短板原理是对企业管理而言的，而我们提出的“长板原理”是对教育和人才培养而言的，其要点是：一个人、一所学校，在他（它）的基本面良好的情况下（即木桶的木板是合格的，人的德智体美劳发育是良好的，学校的基本条件是具备的），他（它）的成功，并不取决于组成“木桶”的最短的那块木板，而往往是取决于最长的那块木板。至于那块短板，是否需要补齐，可视情况而定。一般情况下需扬长避短，换言之：我们要下的功夫不是补短板，而是扬长板，让长板更长、亮点更亮。

这可以从很多成功人士的案例中得到证明。例如：文学家钱钟书考清华时数学是短板，但文学是长板，数学这块短板不影响他成为伟大的文学家；数学家陈景润喜欢埋头做学问，不擅长人际交往，但是他是著名的数学家；等等。他们充分发挥了自己的长板，最终获得了成功。

二、“长板原理”的理论基础

“长板原理”不是凭空而来，古今中外都有相应的理论和教育实践。

（一）中国传统的经验

我的家乡流传这样一个习俗，一个孩子生下来 100 天的时候（当地叫作“过百岁”，其他很多地方也有“抓周”即过周岁的习俗），家长要对其进行一次测试：在他面前放一本书、一杆秤或一个算盘，让这个孩子去抓一个东西，若抓书，则认为这个孩子将来喜欢读书，若抓秤或算盘，则认为他将来会做生意。这实际上是家长重视对孩子天赋的预测，以利于日后有针对性地培养孩子的兴趣和爱好。不过这种预测的方法是很原始的。

中国有一些传统的就业理论，例如“七十二行，行行出状元”，七十二行都有状元，这里的“状元”指的就是长板。民间还有一句话叫作“一招鲜，吃遍天”，这一招是什么呢？就是长板。

可见，中国虽没有专门的长板理论，但有类似的经验总结。

（二）加德纳的多元智能理论

美国心理学大师霍华德·加德纳提出了多元智能理论，这个理论打破了以单一智商测定评价一个人的局限，提出了人具有 8 种基本的智能（语言智能、音乐智能、逻辑数学智能、空间智能、身体运动智能、内省智能、人际关系智能、自然智能）。但是个体拥有的这些智能的长短是不同的，有一种或几种是突出或较突出的，其余是较短的。只要我们善于发现，培育其较长的智能，他成才的可能性就会大增。这个理论为个性化培养和“长板原理”提供了心理学基础。

（三）智商、情商和行商的理论

众所周知，法国实验心理学家阿尔弗莱德·比奈设计了一种测试人的智力水平的方法，叫“智力测验”，测出的结果称为“智商”，即IQ。智商测定的内容主要包括人的注意力、观察力、记忆力、想象力和思维力五个基本要素，其所反映的潜能主要还是认知领域的。中国的高考和美国的SAT考试基本是这个方法的演化和变种，它对智力的判定是一元化的。

但人的能力或潜力当中不单是智力，智力只是一部分，还有其他部分，例如情商，简称EQ。丹尼尔·戈尔曼与萨洛维等教授认为，情商由自我意识、控制情绪、自我激励、认知他人情绪和处理相互关系这五种特征组成。戈尔曼等的经典著作《什么造就了领导者》，更是促进了“情商”概念的广为流传、深入人心。

情商水平也是可以测验的，尽管当前尚没有一套成熟的测试方案。心理学家通常根据个人的表现进行判断，他们认为情商高的人具有以下特点：社交能力强，不易陷入恐惧或伤感，能控制自己的情绪，容易合作，对事业投入，富于同情心并有较强的亲和力，等等。而情商低的人，往往自我意识低，以自我为中心，说话做事较少考虑他人的感受，不善于控制自己的情绪，人际关系差，承受挫折的能力较弱，等等。

显然，情商高低也反映了一个人的潜质和智能，也是一种长板或短板。

我们在智商、情商之外，还提出了一个“行商”的理论。按照布鲁姆的“教育目标分类法”，动作是区别于认知和情感的第三个领域。动作技能主要包括知觉、反应、基础动作和操作等方面。我们把这些目标归纳起来，拓展一下，提出“行商”的概念，这种能力就是动手的能力，行动的能力，付诸实践、拿到结果的能力。我们观察到，在某些领域，不乏有这样的成功者，他们的智商、情商未必出众，但胜在敢想敢干，行动能力强。可见，行商高低也反映了一个人的潜质和智能，也是一种长板或短板。

三、“长板原理”在教育和人才培养领域的应用

（一）教育者实现育人理念的转变

我们要坚信：人人有亮点，个个有特长！我们要普及这样一个观点：“我们可以很普通，但是一定要有特长；我们可以很平凡，但是一定会有亮点。”教育者的责任就是发现和挖掘学生的亮点和特长。对尚未表现出亮点和特长的学生，要发展他的潜力，培养他的特长；对于已经表现出亮点和特长的学生，要使他的特长更长、亮点更亮！要形成“长板原理”的氛围，使拔尖的人才“冒”出来。

对于长板，有几点要说明。

第一，人的长板是存在并且可知的。人人都具有多种潜能，人人都有爱好和兴趣，人人都有优势或强项。但是，其中有一种是主要的，这就是长板。人们可以通过观察、大数据分析和测量对长板的长度做出判定。

第二，长板是可变的，具有可塑性、伸缩性。如果长期受到抑制，得不到发展，它就会停滞甚至萎缩，例如王安石笔下的古代神童方仲永，本来天赋极高，但其父“不使学”，最后只能是“泯然众人矣”。反之，如果通过适当方法培养和发展长板，则可以使长板进一步拉长，例如钢琴家郎朗，他有音乐智能这块长板，通过勤学苦练，就成了著名的钢琴家。

第三，长板是相对的，不是绝对的。它是一个人所具有的多种素质、本领、特点、才能，是“三商”中相对较长的那一种，不能用绝对的标准来衡量。也就是说，每个人的长板都是相对于自己的各种板而言的，不是用绝对的标准衡量出来的。

（二）以一套教育技术和方法辅助学生

学校作为教育机构，尤其要思考如何在实践层面科学而高效地发掘和发扬学生的长板。

第一，要对长板进行分类。我们把学生长板分为“学业性、职业性长板”和“非学业性、非职业性长板”。“学业性、职业性长板”是与所学专业相关的，未来可以发展成为自己的职业的特长。当然，个别人的业余爱好，也有可能发展成为职业特长。例如我校工商学院学生张皓宸，他爱好写作，现在成了知名的90后年轻作家。“非学业性、非职业性长板”就是与学业和职业无直接关联的，但是可以对学习和生活起到影响作用的特长，比如加德纳的多元智能理论中提到的音乐智能、身体运动智能、内省智能、人际关系智能、自然智能等。

第二，要对长板进行测定。根据“长板原理”及其基础理论，我们采取了“问卷自报法”“实践观察法”“数据分析法”等多种方式建立学生的长板数据库，通过筛查和分析，推测学生的长板倾向。

第三，为学生的长板发展提供个性化的支持。对学生的非学业性、非职业性长板，学校表示尊重和支持，并创造条件使其有发挥的舞台；对学生的学业性、职业性长板（但该长板与学生所学的专业不一致的），学校要尊重学生的禀赋和志趣，让其“选其所爱”，能够较为自由地选择（转）专业；对学生的学业性、职业性长板（且该长板与学生所学专业及未来职业方向大体一致或相辅相成的），学校应将该长板作为因材施教的根据，纳入“个性化培养计划”，创造条件重点给予支持，包括制订不同的教学计划、建立不同的课程体系（通过选课）、使用不同的教学方法等。在就业和职业选择上，应指导学生扬长避短，一般地说，其长板应该是选择的方向，而短板则是不宜选择的方向。

（三）形成利于长板发挥的校园文化氛围

一方面，我们要创造一种“鼓励创新、宽容失败、发扬长板、包容缺点”的氛围；另一方面，我们要改变评价标准和方法，不能用同一个标准来衡量所有的人。总的来说，贯彻“长板原理”是在德智体美劳和通识教育的基础上，依托潜能，扬长避短。对长板不突出的学生不必揠苗助长；

对长板突出的学生不必求全责备；对所有的学生力求扬其所长。

在成都锦城学院，所有学生都有挖掘潜能、发挥特长的权利和责任；所有教师和辅导员都有发现、了解、培养学生长板的职责和任务；学校所有部门都要为学生发展长板开绿灯，大力支持。

成都锦城学院多年来的教育实践有力证明了“长板原理”的科学性和有效性。在我校的校友中，已经和正在越来越多地涌现出一批批优秀的企业家、工程师、银行家、文化艺术工作者等，这充分证明了“长板原理”的实践成效显著。

现在，成都锦城学院一批学生工作专家将“长板原理”的理论研究和育人实践成果总结成书。对此，我深感欣慰，如果此书能够为教育的“个性化培养”和青年朋友们的“个性化发展”提供一些有益的参考，则幸甚！

2024 年 11 月

目录

第一章

你生命中最长的那块“板”

◎ 案例 1–1

吉莉恩才 8 岁，但她的未来已经出现了危机。她的学习成绩一塌糊涂，至少老师们是这么认为的。她上学迟到，书写糟糕，考试成绩差。不仅如此，她还是课堂破坏者，上一分钟还在吵吵嚷嚷，下一分钟又向窗外张望，逼得老师不得不停下教学去拉回她的注意力，但是接下来她又开始骚扰同桌。吉莉恩对这些问题并不是很在意，她已经习惯了被老师纠正，也不真的认为自己是个问题小孩。但学校很烦恼，当学校写信给她父母时，事情被激化了。

学校认为吉莉恩存在某种学习障碍，应该去那些专门为此设置的特殊学校。如果放在现在，学校肯定会说她有注意缺陷多动症（Attention Deficit Hyperactivity Disorder，ADHD，又称“儿童多动症”），然后给她服用一些药物。但那是在 20 世纪 30 年代，科技还不成熟，“儿童多动症”这种病名还不流行，人们也还不知道自己可能会有这种注意力障碍。

吉莉恩的父母收到学校的来信之后，非常震惊，立即采取了措施。

妈妈是怎么做的呢？妈妈把吉莉恩精心打扮了一番——吉莉恩穿着最精美的衣服、鞋子，扎着漂亮的马尾辫。然后妈妈怀着忐忑不安的心情，带着吉莉恩去见了一位心理医生，她希望能够给孩子做一个准确的诊断。

这位心理医生向吉莉恩的妈妈询问吉莉恩在学校的情况，很仔细地观察她的举动，后来吉莉恩的妈妈和心理医生终于停止了谈话。这位医生从椅子上站起来，走向了沙发，坐在了这个小女孩身边，跟吉莉恩说："非常感谢你，你很有耐心。"医生说："但是恐怕你还需要再等一会儿，我要跟你妈妈单独谈一谈，我们就出去几分钟，你不用担心，我们不会走远的。"吉莉恩有些惶恐地点了点头。然后两个大人让她一个人坐在那儿，就出门了。

但是当心理医生离开的时候，这个医生伸手把办公桌边的一个收音机给打开了，房间外的走廊上有一扇窗户，是可以看见屋内情形的。医生和妈妈就站在窗子的一边，吉莉恩是看不见他们的。

吉莉恩这时候突然站了起来，伴随着收音机里的音乐，在房间里走来走去，两个大人站在外面，静静地看了几分钟。他们被这个女孩表现出的魅力惊呆了，任何人都可以注意到，在吉莉恩的动作当中，有一些天生的甚至是本能的东西，正是这些东西，让这个女孩脸上露出了纯真的笑容。最终，心理医生转向吉莉恩的妈妈，说："您也看到了，林恩夫人，吉莉恩没有病，她是一个舞蹈家，送她去舞蹈学校吧。"

后来，吉莉恩的妈妈真的把她送去了舞蹈学校。吉莉恩说："我都不知道该怎么描述了，那里真的太棒了！我一走进教室，那里全是跟我一样的人，我们不需要静坐在那里，而是边动边思考。"

最后吉莉恩加入了皇家芭蕾舞团，成了一名独舞表演家，并且在全世界巡演。当芭蕾舞演员的生涯结束之后，吉莉恩成立了自己的音乐剧团，并且在伦敦和纽约推出了一系列非常成功的剧目，最终，她参与创造了一些音乐剧史上成功的作品，像大家都知道的《猫》《歌剧魅影》等。当初那个年幼而不知道未来在何处的吉莉恩，后来变成了世界闻名的吉莉恩·琳恩——最有才华的舞蹈创作家之一，给无数人带去快乐，每年有着数百万美元的收入。

是不是所有的人都有机会被正确地、个性化地对待呢？是不是所有的人都有机会成为真正的自己？那个曾经被认为是问题小孩的吉莉恩后来成为非常有才华的舞蹈创作家，这一切都源于那个心理医生发现了她的“长板”，而她的父母支持她走上了发挥“长板”的路。

第一节　最长的生命板块

与“越是不擅长，越要花更多的精力去弥补”的观念不同，为了让每个人都有机会成为真正的自己，注意力需要放在最长的生命板块上。所谓“最长的生命板块”，就是指长板，是我们的品质和能力当中比较突出的部分，应找出它们，让它们顺利得以发挥，从而实现真正的自我。

一、长板概述

要找出长板，首先要知道什么是长板。

长板是长于他人的个体生命板块部分，也是个体生命板块中最为突出的部分。是人类个体与生俱来的、与其人身不可分割的具有优势的、突出的生命板块和生命品质，包括具有优势的、突出的反应、能量、频率、感受和能力等。

（一）人类生命板块和生命品质包含的内容

1. 身心灵

“身心灵”是指人类存在的三个维度：生理、心理和精神。其中，“身”主要包含神经系统、器官、骨骼、肌肉等生理层面；“心”主要指人的思想、情感、意识等非物质的心理层面；“灵”主要指人的价值观、信仰、道德、文化等超越个人的精神层面。“身心灵”注重的是三个层面的统一与和谐，将人视作“身心灵”的统合体，以寻求整体的健康与灵性的成长。

此外，“身心灵”也涉及自己与自己、自己与他人、自己与社会的关系，以及自我、本我和超我的概念。

2. 言思行

“言思行”是指人的言辞、思想和行为。这三个方面共同构成了一个人的性格和行为特征。“言”指的是人的言语和表达方式，包括语言的选择、用词的方式、口头表达的能力等。“思”是指人的思维特点和思考习惯，包括对问题的看法、分析问题的方法、解决问题的思路等。“行”是指人的行为和举止，包括一个人的行动方式、待人接物的态度等。这三者相互关联，共同构成了一个人的整体形象，体现为一个人的社交表现。

（二）人类生命板块和生命品质的现实呈现

人类生命板块和生命品质包含的内容很多，因此在现实中呈现出多种多样的情况，这些情况受到了个人的性格、教育背景、生活环境、社会文化等多种因素的影响。

具体而言，长板在现实中的呈现就是在个体先天优势基础上显现的现实中的优势品质和能力。换言之，长板是先天和后天的一种完整呈现。先天的各种优势经过后天环境和教育的激活，而发展出来的各种能力，就是长板。

长板 = 先天优势 + 显现优势

拓展思考

长板是先天的还是后天的呢？

长板是先天的还是后天的呢？从长板的定义来看，长板可以理解为“在个体先天优势基础上显现的现实中的优势品质和能力”。

所以，长板指的是“先天有优势、后天有发展”，变先天优势为后天胜势，才可锻造长板强优势。

1. 先天优势：长板发展的潜力

案例 1–2

阅读速度提升实验：谁提升得更快？

美国一所大学曾经做了一个为期3年的研究，其目的是了解快速阅读方法对理解能力不同的读者的阅读速度的影响，研究人员测试了一千多名读者的阅读速度和理解能力，获得了戏剧化的结果。

实验过程是这样的：开始的测试是在没有教授快速阅读方法的前提下进行的，一般读者的阅读速度是每分钟90个单词，而超群读者则是每分钟350个单词。在教授了快速阅读的方法之后，一般读者的阅读速度勉强提升到了每分钟150个单词，而超群读者的阅读速度则惊人地提升到了每分钟2900个单词。这个结果使最有经验的研究人员都大吃一惊。因为，实验前几乎所有人都认为水平较差的读者会有更大的进步空间。而事实上，越是优秀的读者，在强化训练中的收益越大。①

这个实验表明，我们一定存在着一些独特的“优势”或“长处”，这些优势或长处可以成为我们最具发展潜力的领域，是形成长板的基础，我们将它称为“先天优势”。“先天优势”即指个体做某件事的持续的近乎完美的表现。

所谓“持续”，指我们必须始终如一地做好它，这样我们才能称其为“长板”。这意味着，它将成为一种可以预测的表现，我们能够从持续做这件事当中得到某种油然而生的满足和快乐，这份满足和快乐又可以反过来为我们做这件事提供动力，环环相扣，不断循环，形成良性的动态发展过程。如果我们在做某件事的时候，感觉精疲力竭，那么这件事可能并非我们的“长板”。

所谓“近乎完美的表现”，并不是说将一件事做得完美无缺，而是指我们可以把某件事做得出类拔萃，很轻松就可以做到事半功倍的效果。

---

① 肖云殊：《发现你的才干 点亮你的优势》，《高校招生（高考指南）》2017年第7期。

拓展思考

因天性而教，因天性而学

说到先天优势，人们的观点普遍趋于两个极端。

一种观点认为先天优势是天才才有的，普通人没有，所以普通人仅凭努力基本不可能成功。某网络游戏里有这样一句台词："努力有用的话，还要天才干什么？"代表了很多人对先天优势的一种看法。

另一种观点则否定先天优势的存在，觉得每个人的先天优势都是差不多的，只要够努力，就能够成功。

还有少数人持第三种观点，即所谓的中间派。他们既承认天才的存在，又认为普通人也能通过努力而成功。

《中庸》曰："天命之谓性，率性之谓道，修道之谓教。道也者，不可须臾离也；可离，非道也。"这里的"天命"即"天性"，可以理解为人的自然禀赋，是上天赐予每个人的礼物。因天性而教，即教育之道。换个说法，因天性而学，是人的发展之道。

无论在哪种观点中，先天优势都是指天资、资质，也指生来具有的，禀受于天地的优势。这些先天优势，经过后天的努力，可以发展成为我们独特的优势和长处，即长板。

从小我们就被父母和老师这样教导——你语文不错，数学太差，你需要补习你的数学；你很有自己的想法，但是你太自我，要学会与人和睦相处；从哪里跌倒就要从哪里爬起，要勇于克服困难，要敢于和自己的不足做斗争……终于，我们补齐短板，变成了一个平凡而普通的人。

2. 显现优势：长板的现实呈现

长板，是现实中已经呈现出的优势品质和能力。

优势品质和能力，指人们理解事物、利用自己所学知识处理困难和解决问题的能力，主要体现在对客观事物的反映和解决困难的质量上。[①]

所谓品质，就是指与人不可分离的、不会消失的各种能力，具体表现在我们的方方面面，比如情感、动作、身体机能、智力、能力、情商、行商、逆商等方面。

而能力则是指完成一项目标或者任务时所体现出来的综合素质。能力可以对周围环境产生影响。

因此，先天优势是长板，后天经由环境和教育的激活发展出来的各种能力也属于长板。

二、长板的特征

我们知道长板是最长的生命板块，是优势品质和能力，那么长板都呈现出哪些特征呢？如果我们在做某件事的时候能感受到如下所说特征中的三项以上，那么，我们离发现自己的长板就更近了一步。

（一）整体特征

什么特征决定了某种优势品质和能力是长板还是非长板呢？从整体特征而言，主要有浑然天成、自在本然、最高热爱、圆满自足四个。

1. 浑然天成

所谓浑然天成是指该优势品质和能力是与生俱来的，不是通过后天的学习或培训所能获得的。一个人可以在很小的时候就展现出自己的长板，而无需经过特别的训练。也就是说，浑然天成指该优势品质和能力是基因性的、遗传性的，即长板不是人类所特别赋予的，具有种子性和潜在性。

2. 自在本然

你的长板就是那些让你不需要用太多的意志力，就能在某个方面脱颖

① 张琳娜：《基于多元智能理论的高中生物课程学生评价》，硕士学位论文，华中师范大学教育学院，2008.

而出，在某件事上出类拔萃，并感到自己很强大的东西。

长板内化于个体生命、与人的身体不可分割。个体生命和身体是长板的载体，长板是个体生命和身体的核心价值能力的体现。

长板是指那些不是非得让自己付出太多努力与自制力才能起作用的能力，而是指那些自然投入、不由自主、理所当然就能发挥出优势的能力。也就是说，在这个领域里、这件事情上，你因为拥有这个能力，可能还什么都没做，就比大部分的人更有竞争优势。

在人生中，我们会对众多的事情进行尝试，也许有些事情是自发去做的，有些事情是被迫去做的，但不论如何，只要你在尝试中产生了一种自然而然、恰如其分、行云流水、无阻隔的感觉，体验到了流畅性、天人合一的状态，你就可能找到了长板。这就是所谓的“自在本然”。

3. 最高热爱

所谓最高热爱就是指个体在做与长板相关的事情时，富有激情、有兴奋感，而且基本不耗能。

最具有优势、最突出、最擅长的生命板块体现在个体生命的最高热爱上。什么是爱？爱是接纳，最高热爱则是热诚，是无条件接纳，无前置条件。

一个人在做与自己长板相关的事情的时候，总是乐此不疲且有巨大的满足感，会感到有吸引力、有渴望、有热情、有冲动，并且能启动和激发我们的能量中心。这是因为长板就是神经的兴奋点，我们对其无比热爱，自愿用精力去追寻。

区别于外在驱动，长板主要来自内心的渴望，而不是来自他人的期待和外界的认可。就像美国心理学家德西和瑞安提出的关于人类自我决定行为的认知动机理论一样，“最高热爱”也强调人的自主性，关注个体的行为在多大程度上是自愿的或自我决定的。当个体被内部动机驱动时，其在活动过程中将会感觉到强烈的兴趣和力量，并可能会忘掉时间和自我。在这种情况下，个体就可以有效地执行各项功能，并以健康的方式发展。

这种强烈的兴趣和力量，就是我们说的“最高热爱”。

4. 圆满自足

圆满自足是指长板是内驱性的，不需要借助别人的力量，是自动、自发的。

在自己的长板领域，我们能从做这件事情中得到某种油然而生的满足和舒适，注意力高度集中，进入心流状态，即实现灵魂、精神、心灵深处的满足，全身心地投入，无疲劳感、无匮乏感。在做这件事情时，“事情”本身就是目的，这时我们的状态是一种超越了时空、超越了周围环境、超越了自我的“无我”状态。

对于长板，人们总是能沉浸、享受其中，愿意将其做到精通和极致。享受在自己擅长的领域深耕细造的过程，就像是“工匠精神”，不断雕琢自己的产品，不断改善自己的工艺，享受产品在自己双手中不断升华的过程，追求突破、追求革新。这种油然而生的满足和舒适就是所谓的圆满自足。

（二）内在感受的“五感”和“五性”

从内在感受来说，长板可以从“五感”和“五性”两个方面来进行体验和感受。

1. 长板“五感”

（1）满足感

这里的满足感是指灵魂、精神、心灵深处的满足状态，不是生物本能的满足。表现为做某件事情时的无疲劳感、无匮乏感以及全身心投入的状态。

（2）超越感

超越感是指做某件事情时，事情本身就是目的，即超越了时空、超越了周围环境、超越了自我的一种“无我”状态。当你做事情是为了寻求外界认同和结果时，这些事情一般不是我们的长板。

（3）自然感

自然感是指做事情的时候有一种自然而然、浑然天成、恰如其分、行云流水、无阻隔的状态，具有流畅性，是一种天人合一的状态。

（4）效率感

效率感是指从事与长板相关的事情时，学得快，上手快，不费力，做得好。

（5）兴奋感

当我们做某些事情时，如果感到有渴望、有热情、有冲动，并且这些事情对我们有吸引力，能启动和激发我们的能量中心，那么和这些事情相关的领域可能就是我们的长板。

2. 长板“五性”

（1）无选择性

无选择性就是自发性。长板就是神经的兴奋点。从事与长板相关的事情时，我们的纠结一般会很少。

（2）无害性

长板一般是无害的。长板对自己、对他人、对环境等各方面都是无害的，且无成瘾性。

（3）内生性

长板区别于外在驱动，主要来自内心的渴望，而不是来自他人的期待和外界的认可。

（4）持续性

长板是敏感的能量中心和能量场。处于长板状态中的我们是有源源不断的能量的。一旦能量启动，无须我们太多的意志努力，就可以持续进行下去。

（5）挑战性

人们在发挥长板的优势时，往往勇于接受挑战，且较少去考虑结果，具有抗挫力，不容易放弃。

（三）长板外显的“四个线索”

长板还有很多外在的体现，主要有“四个线索”。

长板外显的“四个线索”如下，这几个线索可以帮助我们找到自己的长板所在。

线索一：我们必须在做这件事情时能感受到某种油然而生的满足和舒适，能够享受其中。

线索二：长板是一种不假思索的反应（直觉反应），我们在做与长板相关的事情时可以得心应手；长板是能贯穿始终的思维、感觉或行为模式，这就像是一种特殊的天生能力或悟性。

线索三：长板是内生的，它能让我们感受到吸引力，继而产生渴望。这种渴望能够帮助我们克服困难。

线索四：长板让我们有热情、有冲动，且学得快，成效显著。

第二节　长板十八问

先天优势与长板的关系是什么？优势智能与长板的关系是什么？本能与长板的关系是什么？灵感与长板的关系是什么？兴趣与长板的关系是什么？热情与长板的关系是什么？特长与长板的关系是什么？教育与长板的关系是什么？努力与长板的关系是什么？投入与长板的关系是什么？压力与长板的关系是什么？条件与长板的关系是什么？结果、成功与长板的关系是什么？初心、动机与长板的关系是什么？生存与长板的关系是什么？错失与长板的关系是什么？伤害与长板的关系是什么？短板与长板的关系是什么？关于这些问题的答案，我们一起来揭秘。

一、先天优势（天赋）与长板

先天优势是长板的基础。被发现的先天优势是长板。

先天优势是指天赋、天资，指生来具有的、禀受于天地的优势。先天优势是每个人与生俱来、独一无二并伴随一生的特质。这些特质也许“与众同”，也许“与众不同”。

每个人都有自己的先天优势，如果现在没有，那就是我们还没有发现。被发现的、被运用的、被体验到的先天优势就可以成为长板。

在某种程度上，长板和先天优势可以说是同义词，因为长板正是基于每个人的先天优势和自然优势所形成的优势品质和能力。我们可以通过发掘自己的先天优势，来培养和发展自己的长板。

二、优势智能与长板

所谓智能，就是一种生理和心理潜能。这种潜能如果在某种特定的文化环境和教育环境下被激活，是可以发展成为长板的。

优势智能是指在许多潜能的结合中占据主导地位的能力，那些处于从属地位的能力则称为非优势智能。

优势智能可以是某种具体的能力，比如会算数、会画画、会弹奏某种乐器或跑得很快，但也可以是我们表现出来的某种积极的个性特征。

当优势智能主要表现为某种具体的能力时，长板和我们的优势智能几乎可以画上等号。

三、本能与长板

人的本能相同，但长板有别。本能不能视为长板。

本能一般指本身固有的、不学就会的能力，或者是行为倾向。本能可以简单划分为生物本能和社会本能。

生物本能是指生存本能，可以理解为饿了要吃饭，累了要睡觉等基本的生存能力。

社会本能是指人类区别于动物的能力，是指在人类社会生存的基本能力。

长板，是需要经过后天的体验与发掘才能掌握的能力。

本能和长板具有一个共同点：它们都是一种与生俱来的应对机制。而不同之处在于，本能是人类与生俱来的生理反应，属于人类的基本生存能力；而长板是人类与生俱来的禀赋，属于人类创造性的能力，也是人与人之间产生差别的标志性能力。

可以将本能与长板理解为：本能解决了我们如何吃饭的问题，而长板解决了我们如何生活的问题。因此，本能是我们生存的基础，而长板是我们创造生活的基础，两者关系到我们的生存与生活，同时也导致了人与人之间的差异化。总之，本能是人人都具有的，并且差异较小的能力，而人与人之间的不同之处主要在于长板差异。本能不等同于长板。

四、灵感与长板

灵感不是长板，是长板的突发性、瞬时性的表现状态。

灵感一般是指个体在文艺、科技活动中瞬间产生的富有创造性的突发思维状态。灵感状态通常表现为注意力高度集中的状态，即将全部精神力量贯注于创造性活动的客体上，对自己的创造性活动的对象充满激情。灵感是由疑难面转化为顿悟的一种特殊的心理状态，比如说人们在创作的过程中苦思冥想，实在想不出时，偶然遇到一件事情，突然灵光一现，灵感来了，文思如泉涌。

长板是个体的热爱所在，个体在体验长板的过程时，能够感受到强大的内驱力以及高度的专注感。在长时间的体验过程中，如果个体在某个时刻能够预知到灵感的到来，能够深刻感受到灵感的闪现，往往就会进入灵感状态。同时，在长板体验中灵感状态的出现，必然是以个体长期的、辛勤的劳动积累作为基础的。灵感是个体在创造性活动中出现的心理、意识运动，是心理、意识由量变到质变的转化的结果，即长板体验必然是建立在长期、持续的劳动的基础上，同时劳动积累必须能够将个体状态转换为最适应创造性活动的状态。

五、兴趣与长板

兴趣并不是长板，但兴趣是发掘长板的催化剂。

兴趣本质上是一种“特别关注”的心理状态，是根据环境变化而流动的。也就是说，兴趣是不稳定和具有变化性的。兴趣可以随着时间、地点、条件和年龄的变化而变化。而长板是稳固存在的，即长板是稳定的。所以，兴趣并不一定是我们的长板所在。

但兴趣和长板之间有没有关联呢？比如一个孩子，如果对某些事情没有兴趣，那么他很难靠吃苦、靠毅力去长久坚持下去。当一个人对一件事情感兴趣，或者说对一件事情非常热爱时，他会心甘情愿排除万难、勇往直前。因此兴趣和长板是有关联的。兴趣可以指引我们去发掘长板，所以兴趣是发掘长板的催化剂。

六、热情与长板

长板包含热情的因素，但热情不等同于长板。

热情就是激情，就是热烈的感情。所谓对某件事情充满热情，就是我们会不自觉地去做或想要去做那些事情，比如想反复体验享受美食的快感，即使肚子饱也要吃点开胃的；想反复看点自己喜欢的娱乐节目，哪怕时间并不允许；还有些人喜欢旅游、看电影、打游戏，但这些都不是长板。热情依赖于外在，被外在牵引，但长板是向外输出的，从这个层面来讲，热情并不是长板。

但是对于长板而言，热情是不可或缺的。长板本身就包含着热情或称对某件事情的热爱。当我们热爱一件事情时，我们才能不断地投入时间和精力。不断去做我们热爱的事情，直到找到一件事情让我们非常愿意持续性地投入其中，那么这件事情就可能是我们的长板。

七、特长与长板

特长与长板有一定的相似之处。

特长是指特别擅长的专门的技艺或研究领域。特长可能与直接的工作内容无关或关系不大。同时，特长具有生理性特征，比如具有特长的人在其特长，例如音乐、动作等方面超越了一般人。从超越这个角度来讲，特长与长板有一定的相似之处。

但是特长能不能等同于长板呢?

从内在动力来说，长板的内在体验、内在驱动都比特长要强。同时，长板的满足感和自我成长性也都比特长强。

从个人成长发展来看，拥有长板会让我们心甘情愿排除万难，勇往直前。

八、教育与长板

教育应该作为挖掘长板的助力，而不应为长板的发挥增加阻碍。

在西方，“教育”一词源于拉丁文“educare”，意思是“引出”。它有一个非常重要的意义：那就是从黑暗到光明。

但遗憾的是，现实的教育模式中，教师大多将很多东西一股脑儿地全部都倒给学生，更多的是“填鸭式”的教育模式。地理、历史、语文、数学……教师不停地把这些“填”给学生。这种教育模式会为长板的发挥增加阻碍。只有发现学生对一件事情的热爱，帮助学生找到长板，才能将学生的潜能变为长板。

九、努力与长板

努力和长板是两个范畴，努力做的事情不一定可以发展为长板。

努力指用尽力气去做事情，它的反义词是无所作为。努力需要靠意志维持，而长板是自然而然的发挥和行动。当我们需要努力做一件事情时，它会耗费我们的意志和能量。例如，如果你努力学习英语，每天强迫自己背单词，那么你需要长时间自律，一旦自律性变差，或者意志力变薄弱，可能就没办法坚持下去。

但是长板无需耗费意志，如果语言是你的长板，那么你可能不需要强迫自己背单词，就能学得很好。例如，学习英语时，你可能会自然而然地喜欢所有跟英语相关的事情——喜欢看英语的电影，喜欢听英语的歌曲，喜欢看英语的书籍，并且当你每天接触跟英语有关的事物时，都会觉得是一种享受。

因为长板是一个人的天赋，在自己有天赋的领域中做事，是自然而然的。当你运用你的长板时，你不会感觉疲惫，因为长板天然符合你的本性。

十、投入与长板

长板意味着不断地投入。

长板是在当下范围内选择你最热爱的那件事情，不断投入时间、精力，顺便获得一些所谓的成就。如果在众多事情当中，你最喜欢做那件事情，可以一直坚持做那件事情，并且愿意为了这件事情放弃娱乐和其他事情，把时间都留给它，那这件事情就可能是你的长板。例如伟大的画家梵高，他几乎把他的所有时间都留给了绘画。他做过很多事情，但占据他精力最多的一件事情一定是绘画。

长板就是会让你不由自主地花更多时间去做，不考虑时间，不考虑成本，不考虑结果，做着就停不下来的事情。

十一、压力与长板

压力不是长板，压力是一种行为驱动力。

压力包括焦虑、恐惧等。我们做事情有两种驱动力，一种是恐惧、害怕、外在压力等外驱力，另一种则是内驱力。

从这个层面来看，压力是外在的，由外而内推动我们做事。但长板是内驱性的，是由内而外的驱动力，不是焦虑在驱动，也不是欲望和恐惧在驱使。鸡蛋从内打破是生命，从外打破是压力。外在的牵引力，外在的吸引力不是长板。

有时候我们感觉到一件事必须去做，可能是成功的诱惑、打发无聊的需求、身体的需求，也可能是压力的驱使。但长板不是为了填补寂寞、空虚，也不是为了获得成功，而是为了使自我更完整。因此，长板是成长的内驱力。

十二、条件与长板

与条件相关的能力都不是长板。长板的发挥是不需要等待条件的满足的。

所谓条件，就是指对时间、金钱、目的、状态等情况的特定要求。比如有人要考研究生，需要单人间；有人要当画家，需要经济基础；等等。这些就都是条件。就像“等待开始生活”的综合征，我们习惯于在生活中等待某些改变发生，或者等待某种条件满足，再开始真正去行动。在这些条件满足的等待中发挥的能力都不是长板。

长板的发挥和行动是不需要考虑条件的。

十三、结果、成功与长板

长板不以追求结果和成功为目的，因为长板本身就是结果，本身就是成功。

大多数人都因为“错误”的理由进入关系或做事，比如为了终止寂寞、填补空虚。他们的终极意义或者说目标就是寻求想要的结果，获得各种成功。在通往结果或者成功的路上，有可能充满了压力和焦虑，甚至恐惧。从这个层面来讲，充满压力和焦虑的结果和成功都不是长板追求的东西。

长板从不拘泥于某一固定结果，也从不以成功为目标，在体验和发挥长板的过程中，我们能感受到的就是无限的热诚。热诚意味着我们在自己的作为当中，非常享受。大多数人之所以会感觉到压力，是因为其想要达到目标的欲望，胜过了对正在做的事情的兴趣。所以，长板本身就是成功，本身就是完美的结果，只要做关于长板的事，结果都会比预想得好。

十四、初心、动机与长板

初心是长板的表象，动机是长板的驱动力。

初心与动机是我们原生动力的基础，具有一定目的性和价值取向，是我们信念的一种表达方式。

初心代表着我们最开始的理想、信念、梦想等，是纯粹的追求与热爱。而动机一般可以分为受控动机和自主动机，受控动机是被要求去做，自主动机是自发去做。我们的成长和发展的核心影响因素往往是自主动机，是我们内心的内在动力。

长板是一种热爱，是最能体现天赋、潜质的热爱，是一种能量不断聚集的热爱状态。

初心可以看作是长板的表象，而不忘初心则是长板的内核，长板发展一定是建立在长期对自我热爱的不断追求之上的。

动机的核心是自主动机，而发挥长板优势同样需要强大的内驱力量，因此自主动机是个体发挥长板优势的核心驱动力。

十五、生存与长板

生存是长板的附属物，生存和长板之间并没有冲突。

生存是生活存在的简称。通常指生命系统的存在和生长。只要我们在生活，只要我们还存在，那么我们就在生存。在快节奏的生活方式下，生存似乎是我们必须面对的话题。

很多时候，我们习惯谋求生存和结果，选择学习的专业时较少考虑自己的职业倾向，更愿意去考虑哪些专业就业好、挣钱多，以选择能帮助我们生存的专业。结果往往就是为了生存，反而忽略了我们自身的长板优势，得不偿失。

事实上，只要我们遵循长板的指引，是不用太担心生存的。在追求长板的过程中，生存就是附带结果，就像“喜剧之王”周星驰先生，从跑龙套开始，执着于表演的完美。他沉浸在表演的过程中，没有过多执着于结果。到最后，他也成了家喻户晓、很多人都喜爱的大明星。在这个过程中，他享受着，并且被滋养着，最终不仅成就了自己的长板，也成就了自己的人生。

十六、错失与长板

真正的长板让我们无惧错失。

很多人怕错失、错过很多东西，因此迟迟不愿意行动，甚至徒增许多焦虑和负面情绪。这是因为他们没有发掘出自己真正的长板。

事实上，长板是一种“真我”的状态。在这种状态下，所有的错失、错过都与我们无关。长板状态代表了我们真实的跳动、真实的频率。我们只有发挥长板优势，慢慢地回归“真我”，找到自己本来的轨道，才能越跑越宽敞，越跑越顺畅，才能完成自己的使命。当我们将长板优势发挥到极致时，我们也就无惧错失。

十七、伤害与长板

长板不会给我们带来伤害。伤害往往是因为我们使用了错误的方式运用长板。

长板是起点，但并不是终点。没有持续的努力和学习，长板就可能被浪费。当我们将长板与勤奋结合起来时，长板将成为我们成长和成功的催化剂，而不是潜在的伤害源。

每个人都有自己的长板，这些长板可能在不同的领域和方面。认识到这一点，我们就可以避免将自己的短板与他人进行比较，从而减少因比较而产生的伤害。

如果我们以谦逊和尊重的态度对待自己的长板，用它来帮助他人、创造价值，那么长板将成为一种正面的力量。相反，如果我们滥用长板，用它来伤害他人或追求不正当的目的，那么长板就可能成为伤害的源头。因此，我们应用正确的方式运用自己的长板，让它成为促进个人成长和社会进步的力量。

十八、短板与长板

从对待长板与短板的态度来说，我们应该扬长不避短。

很多人经常被别人的“短板理论”带走，甚至带偏，然后失去了自己的节奏和频率。有时候盲目地拿自己的长板和自己的短板来比较，或者拿别人的长板和自己的短板来比较，等等，都不利于发挥我们的长板优势。

我们不应该和自己的短板做过多的对抗。要掌握自己的节奏，维持自己的频率。不去回避、评价、厌恶、纠缠，不要给短板过多的关注和给予过多的力量。聚焦于当下的长板，才能让我们的长板更长。

第三节　生命的完成

每个人的生命都是独一无二的，都具有独特的板块，也具有独特的品质和能力。充分发挥和利用长板优势，可以使我们达到自我认同和自我实现，获得生命的意义和价值。同时，个体长板优势的发挥和利用也可以为社会带来创新和进步。

一、长板是进化的馈赠

每个人的存在都是合理的，存在包含了很多东西，比如人类的进化，人类的呼吸、心跳，等等。但同时，存在也给每个人赠予了不同的才干、对事物不同的敏锐性和感知力。这就是存在给每个人的礼物。这份礼物就是我们的长板。

挖掘、发现、使用长板就是我们的使命，不要遮盖长板，不要用现实的功利、害怕去阻碍长板优势的发挥。

二、长板蕴含了真正的自我

存在赠予我们的礼物是最真实的，所以长板是最真实的自我。我们的使命就是让长板自然呈现，让自我自然呈现！

只有在人生最平和、最自然的时候，我们才能体验到长板。

长板是我们不能创设的，任何社会和个人都不能消灭它，我们不能破坏它，更不能拿走它。现实状况下我们只可能忘记它、阻碍它、掩盖它、远离它。

很多时候，我们体验不到我们的长板，但是长板是一直都存在的。

我们的长板是无条件的、不匮乏的，是不会令我们焦虑、恐惧的。我们的长板也不会干扰我们，会给我们完全的自由。

真实的自我就蕴含在我们的长板中，让我们不受污染、不受蒙蔽。

三、社会发展下的“多面手”到“长板人”

随着科技的进步、社会的发展，生产方式和社会分工在不断发生着变化，人的角色也在不断改变。

1. 多面手

生产力水平低下的时候，人们的生活方式和生产方式都比较简单，主要依靠自己的劳动力和简单的工具来进行农作、手工制作等劳动。由于生产技术和工具的限制，每个人都需要掌握多种技能来生存。例如，狩猎采集者需要学会制作武器、搭建简易住所、寻找食物和水源等技能。每个人都必须成为生产的多面手。

2. 扁平人

在工业化时代，随着生产力的提高和生产规模的扩大，分工合作逐渐成了一种普遍的生产方式。人们开始专注于特定领域的工作，并通过交换和贸易来获取其他物品和服务。企业组织形式也发生了变化。传统的金字塔式组织结构逐渐被扁平化、网络化组织结构所取代。这种扁平化、网络化的组织结构可以提高人们的工作效率，减少沟通成本，增强员工的自主性和创造性。

3. 长板人

在人工智能（Artificial Intelligence，AI）时代，社会分工将会发生巨大变化。大部分的体力劳动、脑力劳动都将由人工智能来承担，最终结果可能是：5% 的人工作，95% 的人消费。在这种社会分工下，未来社会的伦理价值、社会结构、人类关系等方面都会发生重大变化。一些高重复性、低技能要求的工作将由人工智能来做，如制造、客服、数据分析等，这种趋势正在加速。

在这种形势下，那些在某方面拥有绝对长处和优势的人就更容易获得成功。而在技能、经验或者资源等方面拥有绝对长处和优势的人称为“长板人”。

请思考：你如何看待进化赋予我们的这份馈赠？

第四节　类型的启发

长板是我们当下的最高热爱，也是一个人的核心竞争力。长板意味着源源不断、稳定的能量输出。当长板和我们的身体相结合时，就会给我们带来持续的喜悦、平和的感受。所以，长板作为一种真实的存在，代表着我们每个人独特的倾向性和优势。

在这种倾向性和优势的基础上，长板可以根据存在的类型分类，也可以根据职业方向分类。

一、根据存在的类型分类

1. 生物性长板

生物性长板主要指和我们的生物性特征相关的存在性长板。比如我们的身体敏感性、协调性、灵活性、爆发力、快速反应能力、恢复能力、耐力等。另外，我们的视觉感知能力、空间感知能力、色彩搭配能力等都和我们的生物性长板相关。

生物性长板可以表现在体育、音乐、美术等方面。运动员、舞蹈家、外科医生、作曲家、指挥家、歌唱家、演奏家、乐器制造者、乐器调音师、美术教师、平面设计师、室内设计师、建筑师、摄影师、视觉传达设计师等职业从业人员的生物性长板比较突出。

2. 社会性长板

社会性长板主要是指和我们的社会性关系相关的长板。比如能够有效地理解别人的能力、与人交往的能力、对语言的掌握和灵活运用的能力，以及充分利用人力和客观条件以最小的成本办成所需的事，以提高整个团队的办事效率的能力，还包括把握商业机会、创造新的商业模式和价值的能力。

社会性长板可以表现在语言能力、人际交往能力、管理领导能力、商业运营能力等方面。教师、律师、推销人员、公关人员、谈话节目主持人、记者、编辑、作家、演讲家、政治领袖、管理者、创业者等职业从业人员的社会性长板比较突出。

3. 智力性长板

智力性长板主要指和认识、理解客观事物并运用知识、经验等解决问题的能力相关的长板。比如对事物间各种关系，如类比、因果等逻辑关系敏感，以及擅长通过数理知识进行运算和逻辑推理；对线条、形状、结构、色彩和空间关系敏感，以及擅长通过图形将它们表现出来。

智力性长板可以表现在空间感、逻辑性、数学推理能力等方面。侦探、律师、工程师、科学家、数学家、雕刻家、航海家和军事战略家等职业从业人员的智力性长板比较突出。

4. 精神性长板

精神性长板主要指与能够清晰地认识、洞察和反省自身，能够洞察自然或人造系统的能力相关的长板。精神性长板表现为能够正确地意识和评价自身的情绪、动机、欲望、个性、意志，并能够在正确的自我意识和自我评价的基础上自尊、自律和自制的能力；能够认识到其他物种或类似物种的存在，且能够把几种物种之间的关系罗列出来；等等。

精神性长板可以表现在觉察能力以及自然观察能力等方面。哲学家、小说家、植物学家、生态学家等职业从业人员的精神性长板比较突出。

二、根据职业方向分类

（一）职业性、学业性长板

职业性、学业性长板是与所学专业相关的，未来可以发展成为自己的职业的长板。例如，学生在校期间发现自己有关于动脑能力和动手能力的长板，那么在教师的引导下，学生毕业后就很有可能创业成功，开展相关业务。

当然，个别人的业余爱好，也有可能发展成为职业性、学业性长板。例如，著名歌唱家朱逢博本身是学建筑学的。

职业性、学业性长板又可以分为人际长板、管理领导长板、商业长板、语言长板、左脑长板和空间长板。

1. 人际长板

人际长板是指察觉及分辨自己及他人的情绪、感受、目的、意愿等的能力。

拥有人际长板的人在与他人相处、沟通、协调和合作等方面表现出特别的能力和优势，在人际交往和人际关系方面都表现很出色。

2. 管理领导长板

管理领导长板是指能将团队成员凝聚在一起完成任务的能力。

拥有管理领导长板的人在明确目标和愿景、激励团队合作、建立良好的沟通渠道、解决问题和处理冲突等方面都表现很出色，能够制定明确的目标，并通过适当的规划和组织，有效管理资源和时间，使团队高效地实现目标。

3. 商业长板

商业长板是指把握商业机会，创造新的商业模式和价值的能力。

拥有商业长板的人在商业方面有独特的市场洞察和感知能力、战略思维、决策能力和人际关系管理能力等。拥有商业长板的人擅长在商业环境中发现机会、制订有效的商业计划、有效管理资源、建立和发展业务，并取得持续的商业成功。

拥有商业长板的人通常更加乐于承担风险，并能够在不确定和变化的环境中保持冷静和果断，在充满挑战和困难的道路上持续坚持。

商业长板突出的人具备应对变化的能力，能够快速调整策略和计划，并适应不断变化的市场和竞争环境。

4. 语言长板

语言长板指对语言的掌握和灵活运用的能力。

拥有语言长板的人具备丰富的词汇量和良好的语言组织能力，能够流利地表达自己的想法和意见。

拥有语言长板的人还具备敏锐的观察和理解能力，能够准确地捕捉和理解语言中的细微差别和隐含的意义，包括语气、语调、非语言表达等；能够使用比喻、隐喻、幽默等修辞手法，丰富语言表达的深度和趣味性，使语言表达更有感染力。

拥有语言长板的人在学习和掌握外语方面表现出色。他们能够迅速学习和掌握外语，并流利地与其他人交流，更容易与他人建立情感连接。

5. 左脑长板

左脑长板，也称逻辑数学长板，是对于逻辑结构关系的理解、推理能力和思维表达能力。

左脑长板突出的人能够进行准确、系统和条理清晰的逻辑推理。他们具备分析问题、识别关联和推导结论的能力，能够在复杂的问题中找到逻辑上合理和准确的解决方案。

拥有左脑长板的人在抽象思维和模型构建方面表现出色。他们能够从具体问题中抽象出一般性的概念和原理，建立数学模型，并运用数学工具和方法分析和解决问题。

6. 空间长板

空间长板指的是对色彩、形状、空间位置等要素有准确的感受，并能够对其进行准确表达的能力。

拥有空间长板的人能够准确地想象和操作三维空间中的物体。他们能够将物体在空间中旋转、翻转和变形，并准确地理解其空间关系。

拥有空间长板的人在导航和方向感方面也表现出色，能够轻松理解和应用地图、蓝图和空间布局，并能够在不同空间中准确地进行导航。

空间长板突出的人也擅长处理和理解各种图形和图像。

（二）非职业性、非学业性长板

非职业性、非学业性长板一般就是我们俗称的业余爱好。有些特长属于业余爱好，但不太可能成为职业性、学业性长板。例如，很多学生认为自己具备音乐特长或体育特长，但他们不愿转到其他音乐或体育院校去，这些学生也不认为自己将来会成为歌唱家、音乐家或运动员。那么，除个别人之外，这些特长一般只能算是业余爱好，并不能作为职业性、学业性长板去拉长。

这种类型的长板包括觉察长板、观察长板、右脑长板、身体动觉长板。

1. 觉察长板

觉察长板指个体具备对自身内在感受、意识和心理过程进行觉察、理解和分析的能力。这类长板涉及对自我思考、感受和行为的内部反思和自我意识。

拥有觉察长板的人能够觉察并理解自己的情绪和情感状态，具备自我调节情绪的能力，能够有效管理和表达自己的情绪，并适时调整和控制情绪的影响。

觉察长板突出的人具备共情能力，能够理解和感知他人的情感和体验；能够通过自省和思考，深入理解他人的需求和情感，从而与他人建立良好的人际关系。

2. 观察长板

观察长板是指善于观察自然界中的各种事物，并对事物的特征非常敏感的能力。这类长板表现为突出的对自然界的观察、理解和感知能力，拥有这类长板的人对于自然环境、生物、生态系统和自然现象具有敏锐的觉察能力和洞察能力。

拥有观察长板的人能够深入观察和理解自然界，从而对自然环境、生物、生态系统和自然现象有更准确的认知和理解。这类长板能够促使个体更加关注和尊重自然，为科学研究、环境保护和可持续发展做出积极的贡献。

3. 右脑长板

右脑长板，也可以称为艺术长板，一般指敏锐地感知艺术的能力，包括在摄影和视觉艺术、音乐、表演、美术等方面的高敏感性。

拥有右脑长板的人擅长视觉表达，擅长通过绘画、雕塑、摄影或其他视觉艺术形式创作艺术作品。他们善于抓住细节、捕捉情感，以独特的视角和创意展示自己的艺术思想。

4. 身体动觉长板

身体动觉长板指运用四肢和躯干的能力。

拥有这类长板的人可以通过身体感知和运动表达来理解外界和与外界交互，涉及对身体的位置、动作、力度和姿态等的感知，并能够通过身体的运动表达来沟通、学习和解决问题。

身体动觉长板突出的人能够较快地学习和掌握新的动作和运动技巧，并能够将其高效地运用到实践中。

三、探索“类长板”

虽然人工智能可能在某些领域拥有超过人类的能力，但人类仍然具备一些与众不同且无法被人工智能所替代的长板优势。对此，我们提出了一个新概念，叫作“类长板”。

所谓“类长板”，就是我们人类独有的生物特性或人类的核心能力。

将个体长板扩展为人类的长板，简称为“类长板”。也就是说“类长板”是相对于机器智能、人工智能的长板。在人工智能的背景下，人类的“类长板”不可能被人工智能所取代。

类长板包含哪些?

诸如人类独有的真善美、意识、潜意识、直觉、感受、情感、自我觉察、创造等。

人工智能只能在人类现有的知识基础上总结、筛选、分析和罗列，并不具备“无中生有”的能力。

但人类大脑皮层具有独特的功能，这使人类可以根据很小的信息量，洞见和洞察事物的本质规律，可以说是“小数据、大人物”。

第二章

个体成长发展的第一性原理
——长板原理

众所周知，管理学上有一个短板原理或称短板效应，意思是一个由若干块木板组成的木桶的盛水量是由其最短的那块木板决定的。但这个理论并不完全适用于教育和人才培养领域。

在教育和人才培养领域，短板原理已经受到了不少的挑战。与之相对的长板原理应运而生。对学生而言，在学校期间挖掘和发挥自己的长板，形成自己不可替代的核心竞争力，是在学习阶段最有价值的事情之一。高等教育阶段，学习者的自主性强，学习目标的选择范围广，在此阶段实践长板原理，从客观上存在良好土壤和广阔空间，主观上也存在较大的思想可能性和行动可能性。

第一节　那些可能阻碍你的思维定式

一、管理学的短板原理

管理学中的短板原理由美国学者彼得·德鲁克在其著作《管理的实践》

中提出。德鲁克是管理学的重要奠基人之一，被普遍认为是现代管理理论领域的先驱。

短板原理又称木桶原理、短板理论、木桶短板管理理论，其核心内容为：一个木桶盛水量的多少，并不取决于桶壁上最长的那块木板，而是取决于桶壁上最短的那块木板。根据这一原理，可以得出两个推论。

其一，只有木桶的所有木板都足够长，木桶才能盛满水，比最短的木板长出的部分是没有意义的，长出越多，浪费越多。

其二，只要这个木桶里有一块木板的长度不够，木桶里的水就不可能是满的。[①] 要想提高木桶的容量，就应该想方设法加长最短的那块木板的长度，这是最有效也是唯一的途径。

将短板原理对应于组织发展，不难得出以下结论：组织发展要想不断迈上新的高度，各种资源应该集中投入到组织中最短的那块“木板”上去。

二、心理学中的短板效应

心理学中的短板效应是指人们倾向于在评估他人或自己的能力时，更加关注其短板或弱点，而忽视或低估其优势或长板。为什么会产生这样的现象呢？

一是注意力偏向短板。我们更容易注意和记住他人或自己的短板。这可能是因为短板往往与问题、不足或威胁相关，更容易引起我们的关注。

二是重视负面信息。我们更倾向于给予负面信息更高的评估权重。当评估一个人时，负面信息往往比正面信息更影响人们的判断和决策。

三是比较效应。我们常常通过与他人进行比较来评估自己的能力。在比较中，个人的短板更容易凸显，因为可能会与他人的优势相比较。

心理学中的短板效应对于个人的自我认知、人际关系和管理决策等方

---

① 张家栋：《基于木桶理论的团队建设》，《企业改革与管理》2008 年第 9 期。

面都具有重要影响。它可能导致自我认知的失衡，使个人低估自己的能力和价值。同时，它也会影响人们对他人的评价和印象，容易产生不公平的判断或偏见。因此，理解心理学中的短板效应有助于我们更客观地评估自己和他人，减少不公平的判断和决策。在个人发展和团队管理中，重视和发展个人和团队的优势与长板，同时认识和管理自己和团队的短板，可以更有效地提高个人和团队绩效。

三、社会认知领域的短板补齐效应

短板补齐效应，也被称为短板扬长效应，是一种社会认知现象和策略，指的是通过弥补个人或团队的短板或弱点来提高整体表现和绩效。

短板补齐效应的目标是通过发挥个人或团队的优势与长处，并改进短板方面，实现整体表现和绩效的提升。它强调个人或团队的综合发展，强调通过有针对性地补齐短板来达到更好的绩效。这一概念在个人和团队发展、领导力培养和团队管理等领域具有实际应用价值。

而在互联网时代，个人的短板可能会得到自动补齐。这主要是因为互联网和相关技术的不断发展和普及。

以下是一些可能实现个人短板自动补齐的方式：

通过互联网访问大量信息资源，补充和扩展自己在特定领域的知识和技能，从而补齐短板；

通过在线学习和培训，学习和掌握各种技能；

通过远程工作和协作工具，利用团队和他人的力量来弥补自己的短板；

通过个性化智能推荐和人工智能辅助，获得个性化的学习和发展机会。

在互联网的帮助下，人们的很多短板可以得到有效补足和提升，制约性的短板显得不再那么难以攻克，人们可以花费更多的时间在具有发展性的重要事项上。

第二节　现在，打破思维束缚

短板原理在一定领域中取得了良好的应用效果，但它在教育和人才培养领域却备受争议。那么什么样的方式更符合人才发展的规律呢？长板原理应运而生。

一、个人发展学的长板原理

个人发展学的长板原理就是指在基本面合格的情况下，个人的成功取决于其所具有的最长的那块“长板”。

1. 长板原理助力个人心智重塑

平衡发展和综合训练曾经是高考学生的优势，而到了高等教育阶段，平衡发展思维已经不再适合，更优的发展思维应该是启动最高热爱的长板思维。

为了应对高考，学生习惯查漏补缺，追求平衡发展，实现门门优。而在高等教育阶段，学生要学得专和精，要在学习和实践中去发挥自己的最大价值，需要将精力放在最有机会发挥自己潜质的事情上。学生要努力去把握高等教育的实质，即高阶思维。只有把握高阶思维，才能打通人发展的底层逻辑。

短板思维对人的发展有很大的制约，在高等教育阶段一定要用长板思维去覆盖短板思维，用长板思维去重塑我们的心智。

2. 长板原理减少个人发展阻力

长板原理可以最小化个人的发展阻力，事半功倍，因为发挥个人的先天优势是个人成长路上阻力最小的方式。

长板原理告诉我们应最先做、花最多时间做自己最有能力做的事情。这并不是基于对结果的追求，而是基于自己的最高兴奋，应全力以赴去做，直到不能做，然后再次循环。这会给人的发展带来巨大的驱动力。

发展长板，体验“少而精”的学习过程，是个人成长发展的需要。

3. 长板原理是现代高等教育的优质选择

随着社会的发展，无差别灌输的教育方式的劣势不断显现，少而精的教育方式是现代高等教育的优质选择。

面对现在的信息爆炸时代，选择力和判断力非常重要。现代高等教育的核心应该是培养学生的选择力和判断力。

从人才培养的角度看，教育要对学生成长有帮助，少而精的教育就遵循了长板原理。因此，长板原理是现代高等教育的优质选择，是个人成长发展的底层逻辑框架。

二、个人成长发展的第一性原理

第一性原理（First Principle）从广义上来说，可以理解为每个领域或每个系统都存在一个最基本的命题，这也是演绎法的体现。

在现实生活中，第一性原理更倾向于指打破知识的藩篱，回归事物本源去思考基础性的问题，在不参照经验或其他的情况下，从物质和世界的最本源出发思考事物。

个人成长发展的第一性原理就是长板原理，即生命得以展开并进一步发展的原点就是长板。

简而言之，长板原理可以用如下公式来表示：

长板 = 发展；

长板 = 幸福；

长板 = 此时此刻；

长板 = 自我实现。

这几个公式在说长板就是我们人生自我实现的价值呈现，运用长板原理，使用长板原理，所谓的发展、幸福会不请自来。

三、个人成长发展的工具箱原理

长板原理是人生选择的工具箱原理，也是个人成长发展的工具箱原理。它能帮助我们解决关于行动和选择的难题，也是助力我们人生发展的价值源、动力泵、同步仪、解码器、堵漏剂。

1. 价值源原理

长板提供了人生的元价值体系。

做最热爱、最擅长的事本身就是我们对这个世界最大的价值，也是我们自己的人生价值所在。

长板原理为我们的人生选择提供了价值指引，指引我们寻找到自己的最高价值。

2. 动力泵原理

长板是人生的驱动系统。

长板代表了个人成长发展的动力系统、驱动引擎。

个人成长发展的驱动力、行动力大多出于我们的长板，出于我们的最高热爱。

长板可以驱动我们做当下最热爱、最让我们充满喜悦的事。

3. 同步仪原理

长板代表着同步性组织原则。

长板是人生路径的枢纽，连接了整个人生。

当我们做最擅长、最热爱的事情时，即当我们追随长板时，幸福、美好的亲密关系，以及事业与工作成果等都更可能同步到来。

做最好的自己就是对世界的最好帮助。

4. 解码器原理

长板代表着最佳路径选择。

人生的最佳路径就是热爱和长板。当面临很多选择，需要做决定的时候，挖掘和发挥长板优势就是我们人生的解码器。

追随长板的路径就是人生最清晰、最省力的路径。

5. 堵漏剂原理

长板代表着不错过原则。

坚持真正的长板，让我们无惧错失和错过。

很多人害怕错失、错过很多东西，导致迟迟不愿意行动，甚至徒增许多焦虑和负面情绪；而人生最大的错失就是害怕错失，因为没有发掘出自己真正的长板。

第三节　长板原理的多元解释

长板原理并不是凭空产生的，从大脑神经科学到中国传统经验，再到先天优势理论、多元智能理论、心理学的心流理论、布鲁姆的教育目标分类法等，都为长板原理提供了生理、心理等多方面的基础。

一、大脑神经科学与长板原理

人的天生的、独特的优势早在人的成长早期就已经决定了，大脑神经科学的发展为长板原理提供了生理方面的理论基础。

1. 大脑神经元与突触网络

人类的大脑是一个奇特的器官，它在过去的两万年间逐渐缩小，体积由约 1500 立方厘米下跌至约 1350 立方厘米，减少的大脑足有网球大小。但奇怪的是，随着大脑越变越小，我们却越变越聪明。

要理解人类的大脑，秘密在于所谓的突触（Synapse）。一个突触是两个神经元（也称为脑细胞）之间的联结，其作用是使神经元相互沟通。正如一本神经学教科书所言："行为取决于大脑神经元之间正常联结的形成。"

那么，突触联结是如何形成的？母亲怀上宝宝 42 天后，宝宝的大脑会经历一次长达 4 个月的突飞猛进的发育期。在宝宝生命的第 42 天，第一个神经元问世；120 天后，神经元总数已经达到 1000 亿个。换言之，每秒增加约 9500 个新的神经元。然而，当这种爆炸式的增长平息后，神经元上演的大部分戏剧就结束了。出生时有 1000 亿个神经元，到了中年的后期仍有那么多。然而，在大脑的其他地方，突触的戏剧刚刚开始。出生前 60 天，神经元开始相互沟通。每个神经元都向外伸展——实实在在地“伸展”出一个叫作轴突的索——力图建立一个联结。每当一个联结成功建立，就形成了一个突触。在出生后的前 3 年，神经元建立这样的联结取得了巨大成功。事实上，到 3 岁时，这 1000 亿个神经元中的每个神经元都与其他神经元建立了 15000 个突触联结，大脑神经的模式已经编织成型：广博、精细、独特。①

2. 突触联结的自然选择

大脑神经元与突触网络形成后，一些奇怪的事情接着发生了。一如大部分事物，没人照看的渐渐破损，大脑神经元之间的联结四处崩溃。精心建立的突触联结在 3 ～ 15 岁期间丢失。到 16 岁时，所建立的网络有一半已化为乌有。②

大自然给的联结远远超过我们的需求，这是因为在出生后的头几年，我们需要大量吸收外界的信息。但是一切只是吸收，而尚未对周围世界进行理解。我们无法理解，因为无比充沛的联结使我们从四面八方收到数不胜数的信号，使我们无法招架。为了理解周围的世界，我们必须关闭头脑中的部分噪声。在其后的 10 余年中，大自然正要帮助我们做这件事。我们的遗传基因和童年的早期经历帮助我们挑选若干更为顺畅和实用的联结。我们反复受到这些联结的吸引，继而使它们变得越来越强固。用一句互联网用语比喻——它们是超高速 T1 线路。

---

① 马库斯·白金汉、唐纳德·克利夫顿：《现在，发现你的优势》，方晓光译，中国青年出版社，2002，第 61–62 页。

② 马库斯·白金汉、唐纳德·克利夫顿：《现在，发现你的优势》，方晓光译，中国青年出版社，2002，第 62 页。

因此，一个人不可能具有方方面面的优势，但是一定具有自己天生的、独特的，并且区别于他人的优势。我们要做的就是把这些优势挖掘出来，并且加以实践，最终发展成为我们的长板。

二、中国传统经验

在中国的传统文化中，有很多关于挖掘和培养“长板”的经验总结，并且有各种原始的测定方法。

1. 传统经验的长期观察

《世说新语》中就记载了不少具有先天优势的孩童的故事。这些孩童的先天优势要么表现在耳聪目明，有惊人的记忆力，可以过目不忘；要么表现在有过人的判断力、洞察力；要么表现在有精湛技艺或胆识过人；又或者，他们富有同情心和爱心，对很多困境都能巧妙应对。

清代的彭端淑在《白鹤堂集》里面提到：“聪与敏，可恃而不可恃也。”大意是：聪明与灵敏，是可以依靠而又不可依靠的（东西）。天资聪明与灵敏是获取知识的有利条件，依靠这个有利条件，孜孜不倦地学习，就可以获得超出一般人的成绩。但如果以此为资本，骄傲自满，自命不凡，不去认真学习，有利条件反而会转化为不利因素，结果无所成就，自趋失败。所以，他还有一句话叫“自恃其聪与敏而不学者，自败者也”。这里的“聪与敏”就反映了一个孩子的先天优势。这是中国传统经验对孩子的长期观察。

2. 原始的长板测定方法

除此之外，中国还流传这样一个习俗，一个孩子生下来第 100 天的时候，家长要对其进行一次测定。在他面前放一本书、一杆秤或一个算盘等物件，让这个孩子去抓一个物件，以此来预测其志趣、前途和将要从事的职业。若抓书，则认为这个孩子将来喜欢读书；若抓秤或算盘，则认为他将来会做生意。这实际上是对孩子的兴趣、爱好和先天优势最原始的测定。

中国有一些传统的就业理论，例如俗语“七十二行，行行出状元”。七十二行都有状元，那就不只是科举一个状元，各行的状元都是拥有该行业所需长板的人。还有一句，叫作“一招鲜，吃遍天”。这一招是什么呢?就是长板。

所以，中国传统理论中虽然没有专门的理论来论述长板，但有经验总结，并且还有各种原始的长板测定方法。

三、先天优势理论

先天优势指天资、资质，是生来具有的，禀受于天地的。

1. 先天优势是长板的基础

先天优势就是天分，是成长之前就已经具备的成长特性。个体可能会在某些事物或领域具备天生擅长的能力或者天生执念（极大的热情），也可能两者兼有，先天优势使个体可以在同样经验甚至没有经验的情况下以高于他人的速度成长起来。

因此先天优势可以说是一个人具有的成长潜力和可能性，也是长板的基础。

2. 长板是先天优势的具体化表现

美国作家爱默生认为“人生来就具有一定的先天优势”。英国作家金斯莱认为“先天优势每个人都有，谁发挥自己的先天优势，谁做事就得心应手”。美国浪漫主义诗人朗费罗也认为“很多人都有先天优势，但如果不加以发挥，先天优势就只好被埋没了”。

如果说先天优势是长板的基础，那么长板就是先天优势在个人身上的具体化表现，长板是对先天优势的发挥和拉长。

四、多元智能理论

多元智能理论是由当今影响力非常大的发展心理学家和教育学家霍华德·加德纳提出的，他本人也因此被誉为“多元智能理论之父”。

1. 多元智能

智能（Intelligence）是多元智能理论中提出的重要概念。

所谓智能，简单来说就是指人类的能力。加德纳认为智能是一种生物心理潜能，它以某种方式对信息进行加工，目的是解决问题或创造至少在一种文化或社区中具有价值的产品。

通俗来说，一种智能就像一台经过特殊调适的心理计算机，而多元智能理论则认为智能是由一组几个这样的计算机构成的，并且一台计算机能力的强弱不能预测另一台计算机能力的强弱。

在他看来，智能包含了很多类别：语言智能（Linguistic Intelligence）、音乐智能（Musical Intelligence）、逻辑－数学运算中的智能（Logical-mathematics Intelligence）、空间智能（Spatial Intelligence）、身体－动觉智能（Bodily-kinesthetic Intelligence）、人际智能（Interpersonal Intelligence）、自我认知智能（Intrapersonal Intelligence），以及后期增加的自然主义智能（Naturalist Intelligence）和可能存在的第 9 智能——存在智能（Existential Intelligence）（存在智能是一种尝试探明“人的本性或人类关注什么”这样最宏大问题的智能）。所有个体都具有这些智能，但每个个体所具有的智能都有差别。

2. 优势智能

加德纳认为，所有学生都是有巨大潜力的，每个学生都有自己的优势智能领域，学校里人人都是可育之才，他还认为，“我们应当关注的不是哪一个学生更聪明，而是一个学生在哪些方面更聪明。”“每个孩子都是一个潜在的天才儿童，只是经常表现为不同的方式。对于一个孩子的发展最重要、最有用的教育方法是帮助他寻找到一个使他的才能可以尽情施展的地方，在那里他感到满意而能干。”

正因为这样，我们每个人都拥有属于自己的独一无二的智能密码，而这些智能的优势和劣势，就可以看成我们的长板和短板。我们可以根据这些智能的分类来寻找我们的长板，也可以根据这些智能的分类，利用教育手段，使我们的生物心理潜能得到最大程度的发挥。

人类个体智能的优势和劣势是各不相同的，或者说有的个体这种智能多些、强些、长些，那种智能少些、弱些、短些。这就是说，人具有多元智能，但多少、强弱、长短各不相同。

多元智能理论的这些观点为长板原理提供了心理学依据和支持。研究长板原理的目的是什么？就是要在个体各种基本智能大体合格的情况下，重点使其把那些强项的智能、特殊的智能发展得更强、更长、更多。

五、心理学的心流理论

心流（Flow）在心理学中是一种个体在专注进行某行为时所表现的心理状态，如艺术家在创作时所表现的心理状态。个体处于此状态时，通常不愿被打扰，即抗拒中断。

1. 心流理论的核心观点

米哈里·契克森米哈赖将心流定义为一种将个人精神力完全投注在某种活动上的感觉。他认为个体在产生心流的同时会有高度的兴奋和充实感。人们在心流状态下最为快乐，这是一种对正在进行的活动和所在情境的完全的投入和精神集中，是一种人们因为过于沉浸在一项活动中而忽略身边一切事物的状态。

心流的概念与“处于最佳状态的感觉”的概念一致。心流状态是内在动机发挥作用的最佳形式，处于心流状态时，人可以完全沉浸在他所做的事情中。这是一种人人都可以体会的感受，它的特点是处于此状态时，人会被强烈吸引，感到投入、满足和熟练，而暂时性的关注（时间、食物、自我等）一般都会被忽略。

2. 心流状态是长板优势得到发挥的典型表现

当长板优势得到发挥时，个体所呈现的状态和心流状态非常一致，也就是说，心流状态是长板优势得到发挥的一种典型表现。

契克森米哈赖认为，使心流发生的活动具有多样性，且这些活动具有以下特征。

（1）我们倾向去从事的活动。

（2）我们会专注的活动。

（3）有清楚目标的活动。

（4）有立即回馈的活动。

（5）我们对这项活动有掌控感。

（6）在从事这项活动时，我们的忧虑感消失。

（7）在从事这项活动时，我们的主观时间感改变——例如从事很长时间的活动而感觉不到时间消逝。

（8）我们对于所从事的活动是力所能及的，且该项活动对我们来说具有一定挑战性，我们可以通过不断练习来提高跨过障碍的能力。

以上特征不必同时存在。

六、布鲁姆教育目标分类法

布鲁姆教育目标分类法是一种教育的分类方法。

1. 布鲁姆的分类领域

布鲁姆教育目标分类法将教育目标分为了三大领域：认知领域（Cognitive Domain）、情感领域（Affective Domain）和心理运动领域（Psychomotor Domain）。该方法提倡针对不同的目标领域，设计不同的教学目标，从而为课堂教学设计提供评价体系。

这三大领域基本涵盖了教育目标的方方面面：知识、领会、应用、分析、综合、评价；接受、反应、形成价值观念、组织价值观念系统、价值体系个性化；知觉、定势、指导下的反应、复杂的外显反应、适应、创新等。

2. 为长板原理的内容分类带来了新的启发

布鲁姆教育目标分类法为长板原理的内容分类带来了新的启发。依据长板原理，我们不仅要看到认知层面、情感层面的长板，心理运动层面的长板也不可忽视。

如果说我们有某方面的长板，那么具备某方面的丰富知识算长板，对某些价值观念有深刻的领悟算长板，对各种技能的实施、学习和创新算长板，对某些动作技能的坚持和最终完成也算长板。

第三章

当下，找到你的最高热爱

很多人可能终其一生都没有找到自己的最高热爱，其原因可能是从未挖掘过自己的长板。长板的挖掘意味着探索和发现自身的无限潜能，找出自身最优的存在意义和价值。本书通过“清除—识别—测评—验证—发挥”的经典策略，来讲解如何挖掘自己的长板。

第一节　清除：“头脑”是长板的障碍

为什么我们大多数人都没有达到长板状态呢？答案是：我们大多数人都“卡在了自我中”！

大多数时候，我们的自我是结果导向。我们往往靠目前取得的学习成绩、就业岗位以及身份地位等来定义自己。我们也在别人的期待中耗费了大量的时间和精力。这种在社会化过程中所形成的“自我”有可能恰恰会成为我们发挥长板优势的阻碍。要达到长板状态，就是要先尝试抛开这些束缚。

长板状态的实现，是没有“自我限制”“自我定义”的实现，也就是

“无我实现”！而别人定义的“自我”也就不存在了！

关于抛开“自我限制”和“自我定义”，你有什么看法？

____

____

____

____

____

____

一、去掉标签（习得性无助）

美国心理学家塞利格曼在1967年研究动物时，提出了“习得性无助”的概念。

习得性无助是指一个人经历了失败和挫折后，面对问题时产生的无能为力的心理状态和行为。简而言之，就是当你为了一个目标努力多次却鲜有成效时，逐渐选择了放弃，渐渐对学习和生活失去了动力。“躺平”“摆烂”就成为了你的标签。

1. 找回属于你的掌控感

“无助”主要由“失控感”带来，当感到自己对某件事情失去控制时，就会产生无助感。失控感爆发的最后结果，就是人会在心理上陷入“习得性无助”的陷阱。此时人关注的已经不是事情本身，而是会觉得这个世界上的很多事情自己已经无能为力。这个状态下的人其实就进入了躺平状态，哪怕是动动手指就能做到的事情，都不会有再去尝试的念头。

找回属于你的掌控感，首先，需要培养自己的“短跑”心态，人生不是一刻不停的冲刺，而是养精蓄锐后的多次冲刺，不要因为自己的一时懈怠而陷入无助。

其次，不要把目标定得太高，人们失败的原因，往往不是不努力，而是目标本身不适合当下的实际情况，应学会把目标一层层分解，从达成一个小目标开始，逐渐向上努力。

最后，控制自己能控制的，接受自己不能控制的。你不能控制自己把任务完成得多完美，你能控制的是此时此刻开始动手去做。人越想要控制自己不能控制的事情，就越会产生焦虑感。按自己可以控制的节奏制订计划，按部就班一步步做，不要对结果抱有过高的期望，而是将自己的精力专注于整个过程，逐渐找回自己的掌控感。

2. 不要关注你的无助

每个人都有自己的过人之处，只不过有时候过于消极的思维把你的这些闪光点都掩盖了。如果你已经觉得自己“无助”，那千万不要再过多关注你无助的点，应去多关注你“有助”的点。

你的行动力、执行力、认知水平、情绪感染力、精力等，都可能是你的闪光点，你一定要仔细观察，也可以找人评价自己哪方面的能力是比较突出的。然后，你需要让“有助”的点更有助，培养它、训练它、使用它、加强它，你就会发现原来自己的问题不在于“无助”的点，而在于“有助”的点不够。不要过多关注你的无助，找到自己的长处，把自己所有的潜力倾注其中，给自己时间慢慢成长，不再盲目地否定自己，你终会发现一个闪闪发光的自己。

二、排除杂念

杂念，是指当我们在做一件事情的时候，影响我们发挥的某些情绪、思绪、心绪等。它们会直接造成专注度、投入度的降低，会不断对我们产生负面影响。长期受杂念侵扰，会导致我们做事优柔寡断，踌躇不前。长板优势的发挥需要我们保持较高水准的专注度，因此排除杂念也是清除长板障碍的一种重要方式。

1. 杂念的源头

杂念按来源可分为四类：外物造成的杂念、思考引起的杂念、疲劳产生的杂念和外界干扰产生的杂念。

（1）外物造成的杂念

试想一下，如果此时你的面前有两张不同的书桌。一张书桌干净整齐，书籍摆放井然有序，另一张书桌杂乱无章，随意地摆放着各种书籍。你会选择哪张书桌学习呢？哪张书桌会让你的学习效率更高？答案显而易见。在学习和工作中，我们必须对学习和工作环境中的各种物品进行整理，保证需要的物品能够顺利找到，这样效率才会提高，从而排除外物带来的杂念。

（2）思考引起的杂念

有时候，在我们思考时，杂念会不知不觉在我们脑海中闪现，并且反复出现，来干扰我们正常的学习和思考。这些杂念会让我们的精神反复内耗，导致我们胡思乱想。内耗若长期存在，就会让人感到疲惫，会导致精神疲劳和情绪低落。

（3）疲劳产生的杂念

我们大脑的前额叶皮质和“思考的连续及转换”具有密切关系，前额叶皮质承担着多种多样的职责，我们的思考能力、情绪、创造力、注意力等都与前额叶皮质有密切关系。当我们的大脑总是处于疲劳状态时，前额叶皮质的功能会出现下降，人的工作记忆能力也会低下，使大脑的工作领域变窄，错误频发。

（4）外界干扰产生的杂念

当我们正在专心工作时，有可能会有人来问问题、对接工作，手机也可能会有电话打来或有消息发送过来，这时你的工作状态很可能会被打断，当你再次进入工作状态时，又需要花时间。这样的事情多发生几次，就会造成工作时的状态需频繁切换，会耗费大量时间和精力。

2. 杂念的排除

如何排除杂念？可以从立即行动、转移注意力、控制行为、聚焦当下等方面着手。

（1）立即行动

排除杂念最好的办法就是立即行动。有时候我们会被一些对未来的担忧和恐惧的思想所束缚，担心很多即将发生的事情，这时候我们不妨立刻行动起来，打败焦虑。立即行动可以让我们对自己的生活有更多的掌控感，而这种对生活的掌控感也是避免“胡思乱想”的重要利器。

（2）转移注意力

当我们被杂念环绕时，需要及时转移自己的注意力，不要聚焦于当前困扰我们的问题，而是应当立即想办法让自己的头脑冷静下来。我们可以选择离开一会儿，到户外走几圈，也可以闭上眼睛，放空思想，尽力将那些杂念排除掉。

（3）控制行为

我们知道，控制自己的杂念和情感是一件很难的事情，但是我们可以选择控制自己的行为。当杂念出现时，明智之举是“绕过它”“爬过去”，坚持自己想做的事，不管杂念的存在。

（4）聚焦当下

如果我们过度沉湎于过去，就会徒耗情绪和注意力；而过度幻想未来，会让我们不脚踏实地。过去的教训，最大的价值是给我们当下的决策和行动提供参考。未来的期待，最大的价值是给我们当下的决策和行动提供希望和方向。不管是过去的价值还是未来的价值，都只有在当下才能体现出来。只要我们能做到聚焦当下，无论是对过去还是对未来，我们都能更有掌控力。

三、回归当下

回归当下，并不是指每时每刻都活在当下，而是指应具有回归当下的能力，让那些可怕的念头、纷飞的思绪、压抑的痛苦，不再成为你的羁绊，而是成为你前进的动力。你要能分辨哪些是虚幻的世界，哪些是真实的世界，哪些是对，哪些是错，那才是真实的自我。你要力图还原事物的本质，看清世界的本来面目。

1. 认清自我

生命的真正意义，是自我的觉醒。要做到自我的觉醒，就要抛弃外在的干扰，回归当下。不论是回想过去的辉煌，还是憧憬明天的光芒，都对认识真正的自己没有帮助。回归当下，认清自我，找到自己的长板，在自己擅长的领域中深耕，发挥长板优势，可以让我们取得更好的成绩。

回归当下意味着，我们有意识地不带着评判和否定，去接纳当下自己的状态，无论此时的状态是好是坏。我们能够清楚地意识到，任何的付出都不一定会开花结果，这就是人生的正常状态，但这并不意味着我们应放弃改变，放弃成长，不去改善现状，而是告诉我们，可以去坦然接受这样的常态，同时应依然保持对当前生活的热爱。

懂得回归当下，允许自己有各种状态，能享受生活的美好，也会品味人生的苦难，这其实就是一种人生的智慧。

2. 摆脱焦虑

我们在焦虑状态下，会感觉度日如年，头脑会自动屏蔽任何与自我无关的事物，只会相信自己选择相信的事物，对身边的其他事物失去兴趣，最后就会慢慢变得堕落、沉沦、消极。

罗曼·罗兰说过："生命中最沉重的负担不是忙碌，而是无聊。"当你认清自我，发现长板时，就会有努力的方向和目标，也不会再浑浑噩噩、虚度年华。换言之，你会有一种适度的充实感和幸福感。

3. 保持专注

"用志不分，乃凝于神"，在现实生活中，你是否有过下列情况：打开电脑办公，只要手机一响，立马丢下工作，忙着聊天回信息；想看一会儿书，还没翻两页，就开始发起呆来，甚至打起瞌睡；经常为一点小事分心，很难集中专注力，即使集中了也会很快走神。注意力的涣散，不仅使我们浪费了时间、精力，还让自己焦虑不安。

无论对待工作还是学习，避免注意力分散，沉下心来，才能真正把事情做好。提升专注力最简单的方法就是，在自我思考中，进行"内观"。

所谓内观，就是把注意力集中在某件事物上，让意识慢慢聚焦于一点，屏蔽外界干扰，静下心来感受存在的意义。

第二节　识别："感受"是长板的语言

长板存在于每个人的生命之中，伴随生命的韵律而自然出现，不是经过头脑思考而获得的。长板不是依靠外在事物的寻找而出现的，而是在内省的过程中发现的。这个世界上的每一个人都是独一无二的个体，都有自己独特的长板，我们要善于发现自己的长板。

一、自省法

"我究竟是谁？"当这个问题出现时，我们才有机会真正审视自己，甚至会发现自己的独特天生优势。自省法也叫自我察觉法，主要是指对自我的审视和观察。可以通过以下两种示例方法来进行自我察觉。

1. 我是谁

我是谁？请在下面的"________________"上写出自己的答案，并按照头脑中出现的先后顺序写。

我________________我________________

我________________我________________

我________________我________________

我________________我________________

我________________我________________

一开始，你可能会很顺利地写出很多答案，比如"我是学生""我喜欢旅游"等，但是渐渐地，你发现自己写不出来了。这时，再回头看看自己填写的内容，你就会意识到自己处在什么样的位置，自己花费太多时间在什么事情上面。这个方法可以很好地帮助我们看清楚自己是什么样的人。

2. 我的五个优点

除了自己分析自己，我们还可以通过其他途径来认识和分析自己。

我们可以先写下自己的五个优点，且这五个优点一定是自己认为非常核心的。然后再分别找同学、朋友、家人等熟悉自己的人，请他们也写出自己的五个优点。看看他们对你的认识与自己对自己的认识有什么异同，并和他们讨论这些异同。

我心中自己的五个优点：

________；________；________；________；________。

同学心中我的五个优点：

________；________；________；________；________。

朋友心中我的五个优点：

________；________；________；________；________。

家人心中我的五个优点：

________；________；________；________；________。

这些评论中相同的优点，可能就是我们专有的标签。从这些优点中可以找出我们的长板。

二、去伪法

所谓去伪法，可以理解为去伪存真。去掉别人和社会价值观强加给自己的内容，去掉笼罩在身上的各种障碍物，只留下属于自己的、与生俱来的天生优势潜能。

1. 价值观探索

价值观是我们在生活和工作中所看重的原则、标准或品质。它指向我们一生中最重要的东西，是个体行为背后的深层动机，对个体的职业选择和发展起到重要的激励、影响作用。

如果现在是世界末日，你只能从表 3–1 的价值观列表中选出五种对你来说最重要的价值观，你会选择哪五种？如果你认为重要的价值观在表中没有列出，也可以另写。

表 3–1　价值观列表

价值观
人际关系、团队合作、物质保障、稳定、安全、创造性、健康、家庭、朋友、亲密关系、爱、信仰、幸福、成功、名誉、地位、乐趣、自由、独立、新鲜感、变化性、受尊重、被认可、成长机会、权力……

我选择的五种价值观是：

____

现在，为了逃命，你不得不放弃其中的一种价值观，你会放弃哪一种？

____

你到了一个新的星球，为了能够让当地居民接受你，你必须继续放弃剩下四种价值观中的一种，你会放弃哪一种？

____

好了，现在你似乎安全了，有人让你从剩下的三种价值观中交出一种用以换取食物，你会交出哪一种？

____

你现在还保护着两种价值观。当地居民告诉你，想要在这个星球生活，每个人只能保有一种价值观，你必须从中选出一种来放弃，你会放弃哪种？

____

最后，你只剩下一种价值观了。这是否是你无论如何也不愿放弃的？

____

你对于剩下的这种对你最重要的价值观有什么样的了解和想法吗？

____

2. “回忆－问题”列举法

“回忆－问题”列举法是指抛开别人对我们的评价，通过回忆曾经发生的客观事情，列举客观结果，来分析个人的长板所在。

① 从小到大，哪些事情是我做得比别人更快更好的？

② 哪些事情我花费的时间最多？

③ 哪些事情可以让我废寝忘食、兴奋不已？

④ 别人总是称赞我的事情是什么？

⑤ 哪些事情最能激励我，或让我最感动？

⑥ 我绝对不能接受自己在哪些事情上面退步？

⑦ 我离开人世后，人们最可能在哪些事情上怀念我？

三、认出与记住法

认出曾经的自己，找到过去闪闪发光的瞬间，同时“记住”让自己闪闪发光的方法。

1. 成就事件探索（认出）

认出即了解，了解即到达。也可以理解为，了解即实践，只要认出了自己，先天优势就开始得到发挥，我们就不会经历选择的纠结。要认出自己，就要恢复我们的主权意识、主体思维。

认出自己的方法也有很多，每个人可能都有属于自己的认出方法，此处所提供的成就事件列举法仅供参考。

成就事件列举法的具体步骤如下。

请先写下迄今为止你的人生中令你有成就感的具体事件。然后对其进行分析，看看你在其中使用了哪些技能。至少写出七个具体事件（越多越好）。如果有条件的话，请和两三个同伴一起对写出的具体事件逐一进行分析讨论，讨论在其中你都使用了一些什么技能。最后看看在这些事件中是否有重复出现的技能，如果有，那它们就是你喜爱施展也擅长的技能。将这些技能按优先顺序加以排列。

这些有成就感的具体事件不一定是关于工作或学习的，也可以是在课外活动或家庭生活中发生的，比如同学聚会、一次美好而难忘的旅游等，它们不必是惊天动地的大事，只要符合以下两条标准就可以视为“有成就感”。

□你喜欢做这件事时体验到的感受。

□你为完成它所带来的结果感到自豪。

如果你同时还获得了他人的认可那就更好了，不过这并不重要。

在撰写有成就感的具体事件时，每一个事件都应当包含以下要素。

□你想达到的目标，即需要完成的事情。

□你面临的障碍、限制或困难。

□你的具体行动步骤，即你如何一步步克服障碍、达成目标。

□对结果的描述，即你取得了什么成就，最好能够量化评估（用某种方法衡量或以数据说明）。

我的“成就”事件

“成就”事件 1：

____

____

____

____

“成就”事件 2：

____

____

____

____

“成就”事件 3：

____

____

"成就"事件 4：

"成就"事件 5：

"成就"事件 6：

"成就"事件 7：

2. 21 天效应（记住）

所谓"记住"，可以理解为"认出"过后的行动，即全力以赴、直达边界。

行为心理学发现，一个人的新习惯或理念形成并得以巩固至少需要 21 天，这一现象称为 21 天效应。也就是说，一个人的动作或想法，如果重复 21 天就会变成一个习惯性的动作或想法。习惯的形成大致分为三个阶段。

第一阶段：第 1 ～ 7 天。此阶段表现为“刻意、不自然”，需要十分刻意地提醒自己。

第二阶段：第 8 ～ 21 天。此阶段表现为“刻意、自然”，但还需要意识控制。

第三阶段：第 22 ～ 90 天。此阶段表现为“不经意、自然”，无需意识控制。

所以，我们可以根据 21 天效应，养成无需意识控制的习惯性动作或想法，也可以利用 21 天效应来强化自己的长板。

四、比较法

人是具有社会属性的，我们在生活中每时每刻都与周围的环境产生联系。我们不仅影响着环境，也受环境的影响。因此，周围环境对我们的评价也值得我们注意。

1. 他人评价法

在工作和生活中，与我们长期相处的人也是相对了解我们的人。因此，他们的反馈意见可以帮助我们更客观、直接地认识自己。当然，以他人为镜来认知、评价自己，并不是指仅把别人对自己的某一次评价作为自我认知的基础，而应从对自己有影响的、关系较为密切的周围人的一系列评价中概括出来一些经常的、稳固的认知与评价，这才是自我认知的基础。

因此，虚心听取生活圈（家人和好友）以及学校圈（老师和同学）对自己的看法，了解他们对自己长处和不足的评价，对于正确认识自己是有帮助的。尤其要善于听取批评意见，这样才能更全面地了解自己。当然，对他人的评价，也要正确分析、懂得甄别。因为这些反馈所强调的，很可能正是自己忽略而且一般人也忽略了的重要信息。

2. 社会比较法

社会比较法主要是运用各种手段对个人的兴趣、爱好、价值观、能力等方面进行横向和纵向的比较。

纵向比较是个人对自己成长的经历进行比较，从而进行自我探索；横向比较主要是个人与和自身条件类似的人进行比较，从而更好地认识自己。

在与他人进行比较时，需要考虑以下问题。

第一，应该跟他人比较行动后的结果，而不是行动前的条件。例如，来自农村的大学生进入大学学习，不应该认为自己来自农村，条件不如他人，并因此影响到学习、心态和情绪，而要与其他同学比较大学学习期间的学习成绩及毕业后的工作成绩，这样才有意义。

第二，跟他人比较的应该是可变条件。经常有大学生认为自己不如他人，其实他们关注的可能是外貌、家世等较难改变的条件，这些较难改变的条件没有实际比较的意义。

第三，应该与和自己条件相当的人进行比较。确立合理的参照系和立足点对自我探索尤为重要。找不如自己的人做比较，或者拿自己的缺陷与别人的优点比，都会失之偏颇。因此，要根据自己的实际情况，选择条件相当的人进行比较，找出自己在群体中的合适位置，这样认识自己，才比较客观。

第三节　测评：“探索”是长板的路径

长板的测评是一个复杂的系统，作为一个人与生俱来的先天潜能，每个人的长板都是与众不同的。长板测评的目的就是帮助我们找到自己的长板，并利用后天的努力，去发挥我们的长板优势，成为自己擅长领域的专家。

一、学生个体长板测评法

1. 步骤一：完成学生长板探测问卷

【探测指导语】

探测问卷一共九十道题，回答前请仔细阅读下面的相关注意事项。

（1）正确看待探测的结果——合理参考，服务自我

我们的长板是一个非常复杂的系统，所以本探测问卷只是给大家提供一个参考，不可过分迷信，杜绝“扣帽子”和“贴标签”现象。回答越认真，探测的结果越准，结果的参考价值就越大。

（2）科学面对长板探测——消除顾虑，积极合作

我们的探测只是用来为大家认识自己、发展自我提供依据的，因此请大家不要去猜测怎样填才是最好的，越真实的结果就是越好的结果。不要受他人影响，也不要影响他人。此外，本探测结果不作为任何评价的依据，因此得出的结果不会影响在校的学习、生活。

（3）客观应对长板探测——第一反应、真实作答

本探测问卷的答案没有好坏之分，请你按照自身的实际情况，如实、逐项作答。请尽量读完题目就做出选择，不要给自己思考的空间，这样可以避免理性思考给探测结果带来偏差。请不要遗漏题目，在作答过程中，禁止他人围观，应自己独立完成。

学生长板探测问卷

（1）我善于绘声绘色地讲故事。

非常不符合　不符合　有点不符合　符合　非常符合

（2）和各种各样的人说话交流，我觉得很容易。

非常不符合　不符合　有点不符合　符合　非常符合

（3）说服别人让我觉得很满足。

非常不符合　不符合　有点不符合　符合　非常符合

（4）我喜欢用文字来表达思想和情感。

非常不符合　不符合　有点不符合　符合　非常符合

（5）我擅长写作，文思泉涌。

非常不符合　不符合　有点不符合　符合　非常符合

（6）用书面文字表达，让我感到充实和满足。

非常不符合　不符合　有点不符合　符合　非常符合

（7）我喜欢参加辩论和公众演说活动。

非常不符合　不符合　有点不符合　符合　非常符合

（8）我擅长用清晰、准确和流畅的方式表达自己的想法和感受。

非常不符合　不符合　有点不符合　符合　非常符合

（9）能用语言表达自己，我感到很满足。

非常不符合　不符合　有点不符合　符合　非常符合

（10）我渴望用数学运算来解决问题。

非常不符合　不符合　有点不符合　符合　非常符合

（11）上数学方面的课程，我觉得很容易。

非常不符合　不符合　有点不符合　符合　非常符合

（12）和数字打交道，我感到很充实和满足。

非常不符合　不符合　有点不符合　符合　非常符合

（13）我渴望找出事物之间的逻辑关系。

非常不符合　不符合　有点不符合　符合　非常符合

（14）我觉得用抽象的符号来替代文字描述很容易。

非常不符合　不符合　有点不符合　符合　非常符合

（15）提出假设性问题，并探究原因，让我感到很满足。

非常不符合　不符合　有点不符合　符合　非常符合

（16）我渴望思考问题时能进行层层推理。

非常不符合　不符合　有点不符合　符合　非常符合

（17）我可以很容易地找出事物的规律（比如很容易找出这种问题的答案：1，4，7，1，4，________）。

非常不符合　不符合　有点不符合　符合　非常符合

（18）收集、处理、分析、解释和预测数据，让我感到很满足。

非常不符合　不符合　有点不符合　符合　非常符合

（19）我渴望从图像而不是从文字中获取信息。

非常不符合　不符合　有点不符合　符合　非常符合

（20）绘制清晰的地图，对我来说很容易。

非常不符合　不符合　有点不符合　符合　非常符合

（21）能辨别陌生地方的位置和方向，让我感到很满足。

非常不符合　不符合　有点不符合　符合　非常符合

（22）我渴望用图像、图片等视觉表现形式来思考和解决问题。

非常不符合　不符合　有点不符合　符合　非常符合

（23）设计一些图案或形状各异的作品，对我来说很容易。

非常不符合　不符合　有点不符合　符合　非常符合

（24）从事制图、绘画、雕刻或其他艺术活动，让我感到很满足。

非常不符合　不符合　有点不符合　符合　非常符合

（25）我擅长利用头脑中的三维图像来获取空间和位置信息。

非常不符合　不符合　有点不符合　符合　非常符合

（26）我能够很快完成立体模型、拼图、迷宫、积木等相关游戏。

非常不符合　不符合　有点不符合　符合　非常符合

（27）利用图形和图像来进行想象力创作，让我感到很满足。

非常不符合　不符合　有点不符合　符合　非常符合

（28）在直接参与和操作中我的学习效果最好。

非常不符合　不符合　有点不符合　符合　非常符合

（29）做一些有美感的动作（例如：跳舞或做体操）时，肢体动作协调、姿态优雅，对我来说很容易。

非常不符合　不符合　有点不符合　符合　非常符合

（30）我擅长保持身体平衡、协调各部分的身体动作。

非常不符合　不符合　有点不符合　符合　非常符合

（31）我善于模仿各种身体动作及面部表情。

非常不符合　不符合　有点不符合　符合　非常符合

（32）我喜欢接触、处理或操作要学的东西。

非常不符合　不符合　有点不符合　符合　非常符合

（33）跑、跳、摔跤等身体活动让我感到很满足。

非常不符合　不符合　有点不符合　符合　非常符合

（34）我渴望通过身体感觉（例如：用手触摸）和运动来探索环境和物体。

非常不符合　不符合　有点不符合　符合　非常符合

（35）我可以很快学会一项新的动作技能，例如骑脚踏车、游泳等。

非常不符合　不符合　有点不符合　符合　非常符合

（36）我的身体感觉很敏锐，反应迅速。

非常不符合　不符合　有点不符合　符合　非常符合

（37）我善于将艺术想法转化成实际的作品。

非常不符合　不符合　有点不符合　符合　非常符合

（38）通过艺术作品传达自己的想法和感受，让我很满足。

非常不符合　不符合　有点不符合　符合　非常符合

（39）我擅长发现平凡事物的美，并能将其转化为艺术作品。

非常不符合　不符合　有点不符合　符合　非常符合

（40）我能欣赏各种形式的艺术作品，并从中汲取灵感。

非常不符合　不符合　有点不符合　符合　非常符合

（41）我喜欢听各种乐器演奏，并能辨别它们发出的声音。

非常不符合　不符合　有点不符合　符合　非常符合

（42）我擅长通过自己的表现去感染别人。

非常不符合　不符合　有点不符合　符合　非常符合

（43）领略音乐的意境，让我感到很满足。

非常不符合　不符合　有点不符合　符合　非常符合

（44）我想象力丰富，能够感受到常人忽略的细节和情感。

非常不符合　不符合　有点不符合　符合　非常符合

（45）从事艺术类活动让我感到很满足。

非常不符合　不符合　有点不符合　符合　非常符合

（46）我善于倾听别人的讲话，并给出恰当的反应。

非常不符合　不符合　有点不符合　符合　非常符合

（47）我很容易和陌生人打成一片。

非常不符合　不符合　有点不符合　符合　非常符合

（48）与人打交道让我觉得很满足。

非常不符合　不符合　有点不符合　符合　非常符合

（49）我很容易就能觉察出别人情绪的变化。

非常不符合　不符合　有点不符合　符合　非常符合

（50）根据别人脸色以及具体情形的变化，正确、迅速地做出恰当的反应，对我来说很容易。

非常不符合　不符合　有点不符合　符合　非常符合

（51）我善于换位思考去体谅和关心别人。

非常不符合　不符合　有点不符合　符合　非常符合

（52）宽容他人的缺点和错误，对我来说很容易。

非常不符合　不符合　有点不符合　符合　非常符合

（53）我能够清晰地表达自己的想法和感受，也能倾听他人的意见和建议。
非常不符合　不符合　有点不符合　符合　非常符合

（54）总是能赢得大家的喜爱，让我觉得很满足。
非常不符合　不符合　有点不符合　符合　非常符合

（55）我清楚自己的优缺点，并且能够正确评估自己的能力和价值。
非常不符合　不符合　有点不符合　符合　非常符合

（56）我能规划好自己的未来，且很少焦虑和迷茫。
非常不符合　不符合　有点不符合　符合　非常符合

（57）我能朝自己的目标努力，不需要他人的督促。
非常不符合　不符合　有点不符合　符合　非常符合

（58）我擅长复盘和反思。
非常不符合　不符合　有点不符合　符合　非常符合

（59）承认自己的错误对我来说很容易。
非常不符合　不符合　有点不符合　符合　非常符合

（60）我擅长准确地判断自己的情绪状态，且能及时采取有效的措施来调整自己的情绪状态。
非常不符合　不符合　有点不符合　符合　非常符合

（61）我能专注于自己的目标，不轻易受外界的影响。
非常不符合　不符合　有点不符合　符合　非常符合

（62）遇到挫折时，我可以很快恢复平静。
非常不符合　不符合　有点不符合　符合　非常符合

（63）我善于接受别人的批评，并乐于改正。
非常不符合　不符合　有点不符合　符合　非常符合

（64）我渴望探索人类和自然环境（如考古、探索宇宙等）。
非常不符合　不符合　有点不符合　符合　非常符合

（65）我能很快熟悉生物和自然景物的名称、特征、分类方法，以及与其有关的资料。
非常不符合　不符合　有点不符合　符合　非常符合

（66）对自然界事物具有敏锐的感觉（例如：声音、色彩、气味等），让我感到很满足。
非常不符合　不符合　有点不符合　符合　非常符合

（67）我渴望参加园艺、徒步旅行或实地考察等野外活动。
非常不符合　不符合　有点不符合　符合　非常符合

（68）养动植物对我来说很容易。
非常不符合　不符合　有点不符合　符合　非常符合

（69）参加低碳生活、植树造林等环保活动，让我感到很满足。

非常不符合　不符合　有点不符合　符合　非常符合

（70）我渴望探索动植物的生命周期及人类产品的制造（充满了好奇心）。

非常不符合　不符合　有点不符合　符合　非常符合

（71）系统地记录所收集的标本并对其进行分门别类，对我来说很容易。

非常不符合　不符合　有点不符合　符合　非常符合

（72）用仪器（例如：使用望远镜、放大镜、显微镜等）来探索自然世界让我感到很满足。

非常不符合　不符合　有点不符合　符合　非常符合

（73）我善于分析和判断，做出决定对我来说很容易。

非常不符合　不符合　有点不符合　符合　非常符合

（74）我对世界的变化趋势很敏感。

非常不符合　不符合　有点不符合　符合　非常符合

（75）对外部环境的敏锐观察及深入分析让我感到很满足。

非常不符合　不符合　有点不符合　符合　非常符合

（76）从数据、信息中提炼出观点对我来说很容易。

非常不符合　不符合　有点不符合　符合　非常符合

（77）我擅长研究数字和概率。

非常不符合　不符合　有点不符合　符合　非常符合

（78）接受各种形势的变化对我来说很容易。

非常不符合　不符合　有点不符合　符合　非常符合

（79）在信息不完全的情况下，我很容易做出正确的决策。

非常不符合　不符合　有点不符合　符合　非常符合

（80）我善于获取各种信息和资源。

非常不符合　不符合　有点不符合　符合　非常符合

（81）我对商业理念和模式有自己的见解，善于看到别人看不到的东西和机会。

非常不符合　不符合　有点不符合　符合　非常符合

（82）我渴望效率，行动很迅速。

非常不符合　不符合　有点不符合　符合　非常符合

（83）我有清晰的发展目标。

非常不符合　不符合　有点不符合　符合　非常符合

（84）不畏惧困难、敢于挑战让我感到很满足。

非常不符合　不符合　有点不符合　符合　非常符合

（85）获得别人的信任对我来说很容易。

非常不符合　　不符合　　有点不符合　　符合　　非常符合

（86）我擅长激励他人。

非常不符合　　不符合　　有点不符合　　符合　　非常符合

（87）有决心、追求卓越让我感到很满足。

非常不符合　　不符合　　有点不符合　　符合　　非常符合

（88）我擅长号召同伴，具有感染他人的能量。

非常不符合　　不符合　　有点不符合　　符合　　非常符合

（89）主导事情的发展方向对我来说很容易。

非常不符合　　不符合　　有点不符合　　符合　　非常符合

（90）由我来制定规则让我感到很满足。

非常不符合　　不符合　　有点不符合　　符合　　非常符合

【计分】

根据每题相应的选项来计算得分。计分标准如下。

“非常不符合”为1分，“不符合”为2分，“有点不符合”为3分，“符合”为4分，“非常符合”为5分。

例如，第（1）题如果你选择了“非常符合”，那么就计5分，其余以此类推。根据得分编制计分表，如表3–2所示。最后把每一列的计分加起来，就是这一列对应的长板总得分。得分越高，说明你在这方面的长板优势就越明显。

表3–2　计分表

十大长板	语言	得分	左脑	得分	空间	得分	身体动觉	得分	右脑	得分	人际	得分	觉察	得分	观察	得分	商业	得分	管理领导	得分
题号	（1）		（10）		（19）		（28）		（37）		（46）		（55）		（64）		（73）		（82）	
	（2）		（11）		（20）		（29）		（38）		（47）		（56）		（65）		（74）		（83）	
	（3）		（12）		（21）		（30）		（39）		（48）		（57）		（66）		（75）		（84）	
	（4）		（13）		（22）		（31）		（40）		（49）		（58）		（67）		（76）		（85）	
	（5）		（14）		（23）		（32）		（41）		（50）		（59）		（68）		（77）		（86）	
	（6）		（15）		（24）		（33）		（42）		（51）		（60）		（69）		（78）		（87）	
	（7）		（16）		（25）		（34）		（43）		（52）		（61）		（70）		（79）		（88）	
	（8）		（17）		（26）		（35）		（44）		（53）		（62）		（71）		（80）		（89）	
	（9）		（18）		（27）		（36）		（45）		（54）		（63）		（72）		（81）		（90）	
合计																				

对十种长板的得分进行排序，排序前三的长板，即我们的优势长板。我们可以根据这几种长板，来打造我们独特的个人优势。

（4）结果说明

表 3–3 给出了十大长板代表的优势工作技能及其代表性职业，将你的十大长板得分填入表格中，对得分进行排序，排名前列的即我们为发挥长板优势需要去掌握的技能以及未来可能的职业选择。

表 3–3　十大长板代表的优势工作技能及其代表性职业

十大长板	代表的优势工作技能	代表性职业	得分	排序
语言长板	与人交谈、叙述、通知、教导、写作、用言辞表达、说某种外语、口译、笔译、教学、讲课、讨论、研究、倾听、抄录、校对、编辑、计算机文字处理、归档、报告	图书馆管理员、档案保管员、博物馆或艺术馆馆长、编辑、翻译者、语言校正专家、作家、广播员、新闻记者、法律助理、律师、秘书、打字员、校对员、语文教师		
左脑长板	理财、经济研究、推理、会计、计算、统计、审计、推测、分析、组合、归类、排序	查账员、会计员、采购员、保险从业者、数学家、科学家、统计学家、计算机分析师、经济学家、簿记员、自然科学教师		
空间长板	想象、图书制作、设计、创意、发明、图解、着色、绘制工程图、制表、制图、摄影、装饰、影片制作	工程师、测量员、建筑师、都市设计师、美工设计师、室内设计师、摄影师、发明家、绘图员、飞机驾驶员、雕刻家、美术教师		
身体动觉长板	分类、平衡、抬举、提取、行走、跑步、手工艺制作、修复、运送、制造、组合、安装、操作、整理、打捞抢救、表演、唱歌、模仿滑稽动作、戏剧表演、服装展示、跳舞、运动、筹组户外活动、旅行	复健物理治疗师、康乐活动辅导、舞者、演员、模特、农夫、木匠、手工艺品制作者、工人、编舞者、职业运动员、森林管理者、珠宝商、体育教师		

续表

十大长板	代表的优势工作技能	代表性职业	得分	排序
右脑长板	艺术感知、非言语表达、图像联想力、唱歌、演奏乐器、录音、指挥、即兴创作、作曲、抄谱、编曲、听曲、辨别（音质）、调音、音乐赏析	演员、音乐节目主持人、音乐家、乐器制作者、钢琴调音者、音乐心理治疗师、乐器销售员、作曲家、录音工程师、合唱团长、指挥、歌手、抄谱员、音乐教师		
人际长板	服务、接待、沟通、认同、交易、个别辅导、生活教练、心理咨询、顾问、评价他人、说服、推销、征才、激励、授权、谈判、仲裁、合作、抗争	行政主管、经理、校长、人事行政人员、仲裁者、社会学家、人类学家、心理辅导员、心理学家、护士、公关人员、推销人员、旅游业从业者、社会工作者		
觉察长板	执行决策、单独工作、自我提升、设定目标、达成目标、自主自发、评定、估算、规划、组织、明察待机、自省、自知	心理学家、传教士、心理治疗师、神学家、方案规划人员、企业家、心理学教师		
观察长板	标本制作、种苗培育	生物学家、动植物学家、农业研究人员、天文学家、生态学家、园艺家、工艺家、海洋学家		
商业长板	洞察、创新、沟通、谈判、整合资源	商务拓展经理、创业者或企业家、市场营销经理、商业咨询顾问、财务分析师		
管理领导长板	制定规划、坚持、设定目标、冒险、快速行动	领导者、企业家、管理者、创业者		

2. 步骤二：完成长板探测和评估信息表

在以上长板探测的基础之上，结合“和长板相关的成就事件”“对成就事件的梳理和分析”“生活圈（家人和好友）对我长板的评价”“学校圈（老师和同学）对我长板的评价”以及“对自己长板的新认识”，完成“长板探测和评估信息表”（如表 3–4 所示），最终制订出“我计划怎样来发展自己的长板”的计划。

表 3-4 长板探测和评估信息表

项目	内容		
长板探测的目的	所谓知己知彼，百战不殆。无论是在我们的职业规划中，还是在我们的学业规划中，“知己”都是非常重要的一个方面。我们的劣势和短板，在成长过程中可能被强化了无数遍，而我们的优势和长板，往往是被我们所忽略的。 因此，长板探测的目的就是帮助我们发现自己被掩盖的、天生的优势潜能，并以此来制订我们的个人成长、职业发展等对学业和职业的规划		
我的长板（探测结果排名前三的即长板）			
和长板相关的成就事件			
对成就事件的梳理和分析			
生活圈（家人和好友）对我长板的评价			
学校圈（老师和同学）对我长板的评价			
对自己长板的新认识			
我计划怎样来发展自己的长板			
如何对待长板探测结果	长板探测的结果，有可能探测出了真实的你，也有可能并没有，那么我们需要结合其他有帮助的探测方法更进一步明确自己的优势和长板！请记住，探测并不能说明什么，我们不能因为一次探测就被轻易贴上标签		

二、其他有帮助的探测方法

长板的探测方法有很多，不是只有我们上文提供的方法，因为长板涉及我们作为个体在社会生活的各个要素，包括个体的学习、生活、工作等方面。因此，探测长板还可以使用以下几种方法。

1. 九型人格测试

九型人格测试是一个有 2000 多年历史的古老学问，它按照人们习惯性的思维模式、情绪反应和行为习惯等性格特质，将人的性格分为九种——1 号性格：完美主义者；2 号性格：给予者；3 号性格：实干者；4 号性格：悲情浪漫者；5 号性格：观察者；6 号性格：怀疑论者；7 号性格：享乐主义者；8 号性格：保护者；9 号性格：调停者。

九型人格测试将有助于我们更好地了解自身的优势和弱点，并知道在何种情形下我们的行动将更为有效。同时，我们还可以通过测试结果知道他人是如何看待他们自己的，以及相互间又是如何产生影响的。

2. 霍兰德职业取向测试

霍兰德职业取向测试是由美国职业指导专家霍兰德根据他本人大量的职业咨询经验及其职业类型理论编制的测评工具。霍兰德职业取向测试主要从兴趣的角度出发来探索职业指导的问题。他明确提出了职业兴趣的人格观，使人们对职业取向的认识有了质的变化。霍兰德以职业兴趣理论为基础，先后编制了职业偏好量表和自我导向搜寻表两种职业兴趣量表，作为职业取向的测评工具，霍兰德力求为每种职业兴趣找出两种与之相匹配的职业能力。兴趣测试和能力测试的结合在职业指导和职业咨询的实际操作中起到了积极作用。

霍兰德认为，个人职业兴趣特性与职业之间应有一种内在的对应关系。根据兴趣的不同，人格可分为研究型（I）、艺术型（A）、社会型（S）、企业型（E）、传统型（C）、现实型（R）六个维度，每个人的职业兴趣特性都是这六个维度的不同程度的组合。

3. 多元智能理论

加德纳博士是世界著名的教育心理学家，最为人知的成就是多元智能理论，他被誉为“多元智能理论之父”。

20 世纪 80 年代，加德纳博士提出多元智能理论。多年来，该理论已经广泛应用于欧美国家和亚洲许多国家的幼儿教育方面，并且获得了极大的成功。加德纳博士指出，人类的智能是多元化的而非单一的，主要由语言智能、数学逻辑智能、空间智能、身体运动智能、音乐智能、人际智能、自我认知智能、自然认知智能八项组成，每个人都拥有不同的智能优势组合。

第四节　验证：热爱是长板的符号

长板是个体的热爱所在，验证长板的一个核心因素就是热爱。热爱可以理解为当人们专注于某件事情的时候，不愿意被打扰，所有精力投入其中，并且可以获得高度兴奋感和满足感的心理状态。

一、热爱是长板的符号

不管我们的长板是什么，成功的最大因素都是热爱。因为热爱某种东西，所以我们一定会穷尽一切将它做到最好。如果我们找到了自己擅长的事情，可以孜孜不倦地去研究它、热爱它，并且有心流状态的话，那么这件事情可能就是我们的长板。

拓展阅读

美国著名动画《辛普森一家》的创作者，从小就会在课堂上画画，甚至不低头看着都能画得很好。在高中的美术课上，他可以一节课画三十多幅画，直到把颜料用完了，老师不让他继续画了，才停下来。

国际赛车手林特，在被问到赛车的感受时，他说："你忽略了一切事情，只是集中精力，你忘记了其余的世界，自己成为赛车的一部分。这是一种很奇特的感觉，你会完全脱离这个世界，全身心地投入赛车当中，没有其他事情能像这样。"

只有经过长期的刻意练习，才能将长板优势发挥到极致。这个练习过程实际上是一个不断行动、犯错、反馈和调整的过程。因此，倘若没有足够的热爱，我们是很难坚持下去的。

拓展阅读

中国女排运动员朱婷一路走来的成绩，大家是有目共睹的。在职业联赛、国家队的比赛中，朱婷的扣球帮助队伍拿到了很多得分，她个人也拿到了很多 MVP 奖项。

朱婷的成绩，不是只凭借着自己的先天优势就能取得的。如果没有她的勤奋、刻苦的训练，也达不到如今的高度。在国家队也好，在职业俱乐部也好，朱婷对于自己的要求都非常高。

冯坤曾盛赞朱婷，她说她在国青的时候带过朱婷。那时候朱婷就有很好的排球先天优势，但是她并没有得意于先天优势，而是很勤奋地去雕琢自己的技术。因此，她相信一定是先天优势加上勤奋和刻苦的训练，才使朱婷成为一名真正优秀的运动员。

二、体验助力长板的挖掘

体验是体现我们潜能、先天优势、长板的最好证据！

（一）锁定典型事件

如果我们在个人分析和测试中锁定了自己的长板，就可以再通过做一些典型的能够体现该项长板的事情去验证。首先应锁定一些典型事件，以下是一些针对不同长板的建议。

1. 语言长板

（1）当众口头表达（辩论和演讲）能力：在十人以上的公开场合，在镜头前、舞台上能脱稿口头表达。

（2）书面写作能力：写作速度快，文思泉涌，文章行云流水，用词得当。

（3）言简意赅：讲话信息密度高，语言简洁、清晰、有力。

2. 左脑长板

（1）数据处理能力：在账目、演算、逻辑推理等方面具备较强的能力。

（2）学术研究能力：能够针对问题提出假设性问题并探究原因，能够较为熟练地分析、处理相关数据。

3. 空间长板

（1）设计能力：对位置和方向的感受力、表达力较强，对色彩、图形等较为敏感。

（2）思维旋转能力：能够独立制作立体模型，完成拼图、迷宫游戏等。

4. 身体动觉长板

（1）身体控制能力：能够有效地控制身体的各个部位，使其协调运动。

（2）反应速度和灵敏度：能够快速地做出反应，并且具有较强的身体协调能力。

（3）动手能力：具备动手操作、运用工具解决实际问题的能力。

5. 右脑长板

（1）感受性：能够领略艺术作品的各种意境并产生联想、置身其中。

（2）非言语表达能力：能用各种艺术作品来表达自己的思想和情感。

6. 人际长板

（1）沟通能力：善于和不同类型的人沟通。

（2）识别、做出反应的能力：能轻易觉察别人的情绪变化并做出恰当的反应。

7. 觉察长板

（1）自我反省能力：能够接受他人批评，并反省自己。

（2）自我调整能力：遇到挫折能够很快恢复平静。

（3）自我认知能力：能够意识到自己真正的优势和劣势。

8. 观察长板

（1）对自然世界事物特征的敏感程度：对自然世界的事物有敏锐的感知力。

（2）对自然世界事物的概括和分类能力：能够系统地记录所收集的标本，并非常擅长对其分门别类。

9. 商业长板

（1）洞察形势变化的能力：能够敏锐地把握世界的各种政治、经济、文化形势的变化。

（2）整合资源的能力：对各种数据、信息资源的整合能力较强。

10. 管理领导长板

（1）决策和判断能力：能够在复杂的情况下做出正确且可行的决策。

（2）责任感和使命感：能够承担起领导的责任，并且能够激励和鼓励他人。

（3）自我管理能力和自我驱动力：能够在工作和生活中保持积极向上的心态。

除上述各种验证方法之外，还有以下的事件类型可以用来验证个人的长板。

① 经商；

② 创业开店；

③ 学术研究；等等。

你认为还有哪些可以验证的事件类型？请补充在下面。

____

____

（二）554 公式

554 公式是长板的一个验证公式，该公式从个人内在感受的“五感”“五性”和长板外显的“四个线索”来判定自己所认为的长板是不是真正的长板。

五感：满足感、超越感、自然感、效率感、兴奋感。

五性：无选择性、无害性、内生性、持续性、挑战性。

四个线索：不假思索的反应、有渴望、学得快、油然的满足。

用 554 公式对长板进行验证的方法见表 3–5。

表 3–5　用 554 公式对长板进行验证的方法

<table>
<tr><th colspan="2">用 554 公式验证长板</th></tr>
<tr><td colspan="2">个体长板探测结果
（在你排名前三的长板后面打钩）</td></tr>
<tr><td colspan="2">语言长板（　　）　左脑长板（　　）　空间长板（　　）　人际长板（　　）
右脑长板（　　）　觉察长板（　　）　观察长板（　　）　商业长板（　　）
管理领导长板（　　）　身体动觉长板（　　）</td></tr>
<tr><td colspan="2">长板验证方法：554 公式</td></tr>
<tr><td>你曾经做过的或现在做的任何事都可以通过以下标准来探测：
五感 + 五性 + 四个线索，即 554 公式。
体验是体现我们潜能、先天优势、长板的最好证据！如果你在体验中感受到了如下三项以上的感受，那么恭喜，你离发现自己的长板更近了一步。
一、长板的五感
1. 满足感　2. 超越感　3. 自然感　4. 效率感
5. 兴奋感
二、长板的五性
1. 无选择性　2. 无害性　3. 内生性
4. 持续性　5. 挑战性
三、长板的四个线索
1. 不假思索的反应（直觉反应）
2. 有渴望
3. 学得快
4. 油然的满足</td><td>你的体验</td></tr>
<tr><td colspan="2">验证结论
（请评论探测结果和体验结果的符合程度）</td></tr>
<tr><td colspan="2">语言长板（　　）%　　左脑长板（　　）%
空间长板（　　）%　　人际长板（　　）%
右脑长板（　　）%　　觉察长板（　　）%
观察长板（　　）%　　商业长板（　　）%
管理领导长板（　　）%　　身体动觉长板（　　）%</td></tr>
</table>

续表

用 554 公式验证长板	
长板优势发挥	
长板是上天赠与每个人的礼物。 在日常生活中，应围绕你的长板，展开你的学习，展开你的生活，展开你的工作，展开你的人生。在风云变幻、竞争激烈的社会，长板就是你的定海神针。持续进行那些跟长板相关的事件，持续对自己的长板进行能量的激发和敲打。任尔东南西北风，咬定“长板”不放松	你的长板优势发挥计划
长板挖掘和长板优势发挥指导意见	
      辅导员：	

第五节　发挥：从知道到确信再到合一

探索和挖掘长板的过程，也就是寻找最高热爱的过程。从探索长板，到发挥长板优势，会经历三个阶段：知道、确信、合一。

在这三个阶段的发展过程中，由于社会或经济的压力，我们可能还会遇到很多困难与阻碍，这需要我们突破思维定式，打破限制性的阻碍观念，突破困难与阻碍，打破条件的约束，直到能充分发挥我们的长板优势。

一、发挥长板优势的三个阶段

从自我长板的察觉和识别，到坚定热爱自己的长板，再到更加专注和投入在所擅长和热爱的领域，最终，长板使我们对内在的价值和能力更加认同。具体而言，长板优势的发挥过程可以分为以下三个阶段。

（一）知道

所谓知道，就是指对自我长板的察觉和识别过程。对长板的察觉和识别是一个持续的过程，需要进行自我反省和观察，探索和尝试新事物，倾听他人的意见等，从而观察自己在某些领域或活动中的表现和能力。

1. 自我反省和观察

花时间反省和观察自己在不同领域和活动中的表现。注意那些让自己感到自豪、表现出色和感到享受的事情。思考自己在哪些方面感到自信和有自己独特的贡献。

2. 探索和尝试新事物

在不同的领域进行尝试，探索新事物，以发现自己的能力和潜力。积极参加各种活动，包括艺术活动、体育活动、学术活动等，以扩展自己的经验和发现新的长板。

3. 倾听他人的意见

与他人交流和互动，听取他人的反馈。他人可能会注意到我们的某些特长和潜力，而我们自己却未必能察觉到。

4. 使用自我评估工具

使用一些自我评估工具，例如性格测试、兴趣调查等，来了解自己的个性特点和兴趣爱好。这些工具可能会提供一些线索，帮助我们认识自己的长板。

5. 留意正向反馈和成就

留意自己在某些活动中获得的正向反馈和取得的成就。这些成功经验可能是长板的体现，这些领域值得我们进一步探索。

6. 寻求专业指导

咨询专业人士，例如教育顾问、心理咨询师或职业导师，以获取有关长板识别和发展的建议。他们可以提供专业的指导，帮助我们更好地理解自己的长板。

知道长板是一个渐进的过程。不要急于找到答案，应耐心地探索和学习。保持开放的心态，相信自己的潜力，持续努力，以发展和利用自己的长板。

（二）确信

确信是指在知道自己的长板后，坚定热爱自己的长板。这可以给我们带来无限的动力、喜悦和满足感。

1. 享受过程

因为热爱，所以我们会将注意力集中在所热爱的事物上，并享受整个过程。应专注于学习、成长并不断提高自己的技能，而不应过于担心结果。通过享受过程，我们能更深入地体验到热爱和长板带来的乐趣。

2. 内在驱动

内在的热爱和动机会驱使我们前进，我们将不断寻找可以感到满足和充实的活动，且不再依赖外在的奖励或认可。

3. 不期待结果

因为热爱，所以我们会关注自己的表现和努力，专注于自己的技能、知识和经验，放下对结果的期待。

4. 自我肯定

因为热爱，所以我们不再依赖外界的认可和奖励，不再以此为基础评估自己的价值，而是学会给予自己肯定和认可，从而拥有更积极的自我形象和自信心，坚定自己的热爱，肯定长板的价值。

（三）合一

合一是指我们自己就是长板。这也意味着我们将自己的存在与所拥有的长板紧密结合在了一起，将长板视为一种对自己内在价值和能力的认同。

1. 自我认同和自我激励

在合一状态下，我们将更加认同和接受自己，我们理解自己的价值和独特之处。我们也会感受到更强的自我激励，我们会以长板为动力，不断追求进步和成长，发挥自己的长板优势。

2. 自尊与自我实现

在合一状态下，我们会感受到更积极的自我状态，会忽略掉各种困难和挑战，更加专注地投入在所擅长和热爱的领域。

二、发挥长板优势的困难与阻碍

事实上，只要识别了自身的长板，发挥长板优势就是自然而然的事情。但生活中经常会有很多困难与阻碍，例如，社会或经济的压力有时会成为发挥长板优势的阻碍。

拓展阅读

荣获布克奖的小说家佩内洛普·菲茨杰拉德由于丈夫酗酒，不得不只身养家，直到五十多岁才得以释放写作的欲望，从此势不可挡。在此之后的二十年中，她发表了多部长篇小说。当她去世时，她被尊为业内的顶级高手。她的一名作家朋友称她为“有史以来最优秀的英国小说家”。

安娜·玛丽·罗伯逊·摩西出生在纽约州北部的一个农场里，自幼喜欢画画。为了表现周围景物五彩缤纷的色调，她甚至用浆果和葡萄汁作为颜料。但她的绘画激情很快就被繁忙的农活所淹没。整整六十年，她竟没动过一次画笔。直到七十多岁，她退休在家，才终于得以释放她的才干。一如菲茨杰拉德，她积聚多年的才干喷涌而出，使她骤然跃上创作的高峰。其后二十多年，她画了数千幅儿时记忆的景物，举行过十几次个人画展，成为举世闻名的画家。

资料来源：白金汉，克利夫顿，2002. 现在，发现你的优势［M］. 方晓光，译. 北京：中国青年出版社.

当然，我们偶尔也可能被“虚假渴望”所误导。例如，受到想象中的鸡尾酒会和招待会的华丽场面的吸引，我们会渴望进入公关行业。或者，我们可能出于某种控制欲而渴望当管理者。

显然，识别虚假渴望的最好方法就是访问一位业内人士，听他谈谈一些职业在绚丽外表之下的日常琐事。排除了虚假渴望后，我们就能为建立优势而追求自身真正渴望的目标。

在发挥长板优势的过程中会遇到很多的阻碍。

（一）困难与长板

1. 害怕弱点

很多人对自身弱点的害怕压倒了对自身长板优势的信心。

这时，我们对长板优势熟视无睹，认为弱点才是“机会所在”。必须记住：关注并设法控制弱点，虽然有时确有必要，但只能帮助我们避免失败，并不能帮助我们出类拔萃。

2. 害怕失败

当失败的原因与我们的为人之本无关时，我们应当接受，不应害怕；当失败的原因与我们的长板优势有关时，我们应认真反思，进行改进。

若我们在发挥长板优势的过程中失败了，不必气馁，应按以下路径不断努力。

行动—学习—改进—再行动—再学习—再改进

这尽管看起来很笨拙，却是辉煌人生的达成路径。

3. 害怕真实的自我

我们之所以不愿意研究自身的长板优势，很可能是因为我们不认为我们的真实自我有什么惊人之处。

尽管不无成就，但我们仍然怀疑自己是否真如人们所想的那样有才干。我们会认为可能是运气或环境，而不是我们的长板优势造就了自身的成就。

（二）条件与长板

很多人在做某件事的时候，总是喜欢等待——等待条件成熟，等待困难不再，日子就在等待中蹉跎。事实上，真正的长板优势一旦得到发挥，是不会讲求任何条件的。

请记住，我们对周围世界的本能反应，那些我们忍不住去做的事，是使我们有别于其他人的长板优势，坚持下去，一定会使我们出类拔萃。

（三）知识和技能的获得与长板

事实上，找到核心优势之后，我们还需要获得相关的知识和技能，才能使自己的先天优势成为真正的长板。

拓展阅读

格拉德威尔利用心理学实验、社会学研究，以及对古典音乐家和冰球运动员的统计调查，总结出了“一万小时定律”。该定律是指，要促使某项才能达到精益求精的程度，需要练习一万小时——十年内，每周练习大概二十小时，大概每天三小时。

事实上，曾经有人批判这个定律，认为它否定了先天优势的重要性。这里不去探讨该定律的科学与否，仅探讨，在发挥先天优势的过程中，除了识别自己的先天优势，还有什么能够发展我们的长板优势——知识技能的获得也可以让我们的才能精益求精，继而变为自己的长板。

（四）其他阻碍与长板

我们处于社会中。只有完成社会化进程，我们才能在社会中生存。因此，我们每个人身上都带有社会化的烙印，只不过程度不同而已。发挥长板优势时，如果顺应了社会化趋势，我们身上就加上了诸多的限制。例如，选择职业方向时，肯定会受到社会价值观比如高薪、福利好等的影响。

同时，心理学定义了一个“从众效应”，从众是指在群体影响下放弃个人意见而与群体保持一致的社会心理行为。一个人在大街上跑，有无聊的人看到觉得有趣，便跟着跑，然后有好奇的人想知道发生了什么事情，也跑了起来。不断有人加入，不一会儿，整条街上的人都跑起来了，这种行为就叫从众。社会心理学家阿施等人的研究与实验证实，群体成员的行为通常有跟从群体的倾向。当群体成员发现自己的意见和行为与群体不一致时，会产生紧张感，这会促使其意见与行为与群体趋向一致。

因此，从众效应发挥作用时，我们会认同他人，害怕与他人不一样，从而陷入限制性的观念。要发挥长板优势，我们就要敢于打破这些限制性的观念，发挥自己的主权意识和主体意识。

上述内容对你有什么启发？

____

____

____

____

三、发挥长板优势的策略与方法

（一）FREE 策略与长板优势发挥

FREE 策略可以帮助我们充分发挥自己的长板优势。

FREE 即 focus（专注）、release（放手）、education（教育）、expand（拓展）。

Focus：专注，指工作中专注于自己有长板优势的领域，从而给自己带来更多的心流状态。比如喜欢写作的人，可以专注于写作，喜欢演讲，那就找机会去分享自己的知识和思想。总之，应专注于擅长的工作。

Release：放手，指工作中有些事情可以用新体系、新技术、新情境来代替，不必事必躬亲，亲力亲为，把时间专注于自己有优势的领域。比如喜欢做饭却不喜欢善后的人，可以通过录美食视频赚钱买一台洗碗机，轻松解决那些阻碍自己长板优势发挥的问题。

Education：教育，指学习相关的知识和技能，打造长板优势。现在是知识分享时代，应进一步学习相关的知识和技能，打造自己的长板优势，增强长板优势的显现度和可实践性。这一点很简单，就是充分让自己的长板优势变得更优，不断精进。

Expand：拓展，指围绕优势拓展自己的工作。比如有人际优势的人，可以多多发展自己的人脉，选择社交和销售类的工作。

（二）周计划与长板优势发挥

写下过去一周工作中做过的 8 件事，同时标记哪些事情让你发挥了长板优势，并估算发挥了长板优势的事件所占的比例。

拓展阅读

KISS 分析法与长板优势发挥

KISS 即 keep（保持）、improve（提升）、start（开始）、stop（停止）。具体解释如下所示。

Keep：保持，指过去做得很好、要持续做的行为。

Improve：提升，指过去做得不够有效率、不够好，可以提升、优化的行为。

Start：开始，指有利于发挥优势、提升效率的行为。

Stop：停止，指低效的、妨碍长板优势发挥的、有消极影响的行为。

按照 KISS 分析法，不断提高自己发挥了长板优势的事件所占的比例，即可不断地发挥自己的长板优势，就像滚雪球一样，获得更多的收益和自我成长。

第四章

探索，了解长板的类型

在个人的成长过程中，我们经常将注意力放在自身的问题和缺点上，试图修补和改正它们。长板原理提供了一种全新的思考方式。从根本上说，长板原理是一种以积极和肯定的态度看待个人能力的方法，强调将精力集中在个人的优势和潜力上，致力于发掘、发展和利用长板。发掘、发展和利用长板能够帮助个人提高工作效率。

每个人都有独特的优势和潜力，通过发展长板，我们能够最大限度地发挥潜力，取得更好的成果。那么对长板类型的了解就显得非常重要了。

根据是否和职业、学业相关，我们将长板分为职业性、学业性长板和非职业性、非学业性长板。

第一部分　职业性、学业性长板

第一节　人际长板

一、人际长板的概念

人际长板，也称人际关系长板，一般指能共情他人的品质和与他人共处的能力，也指善于处理自己与自己、自己与他人、自己与集体的关系的品质和能力。具体表现为觉察及分辨自己及他人的情绪、感受、企图、目的等的能力，包括与人沟通时能觉察及分辨他人的面部表情、声线、身体语言等，并能做出恰当反应的能力。

二、发挥人际长板的优势

人是社会性的生物，人际长板可以帮我们满足自己的社交需求。通过交流和互相支持，我们可以建立紧密的人际关系，获得情感上的满足和支持。

我们应该注重培养人际长板，通过多与他人交往，提升自己的沟通能力、协作能力和解决问题的能力，发挥自身的优势，为未来的职业发展和人生发展打下坚实的基础。

发挥人际长板的优势不仅可以使我们获得较高的生活满意度，还可以使我们获取更多的资源和支持。通过积极的人际交往，我们能够建立丰富、充实而有意义的人际关系，丰富人生的体验。

1. 与他人相处融洽，获得较高的生活满意度

与他人相处融洽是人际长板最显著的特征。人是社会性生物，很难脱离人群独行于世，当我们与周围的人相处融洽、和谐的时候，能获得存在感和幸福感。

与他人相处可以使人们在群体活动中建立起与他人的心理上的联系，是一个人适应环境、融入集体、维持心理健康的重要保障。在与他人相处融洽的状态下，我们能产生积极的自我肯定情绪，这种情绪有利于我们保持愉快的心境，有利于我们充分感受自己对他人的价值和他人对自己的意义。反之，与他人相处不融洽的状态会对我们产生负面影响，使我们产生焦虑、不安和抑郁等情绪。

哈佛大学医学院对 268 名男子进行了 80 多年的跟踪，从他们身上收集的数据文件可以填满房间。关于什么能使人长寿、幸福的见解也非常多。然而，当领导这项研究的韦兰特被问及他从几十年来对这些人的研究中学到了什么时，他只回答了一句话：生活中唯一真正重要的事情是你与其他人的关系。

2. 善于协调与合作，获得更多的资源和支持

协调与合作能力是人际长板的核心要素之一。人际长板可以促进人们之间的合作，使其共同努力完成特定的任务。

当今社会，随着知识经济时代到来，各种知识、技术不断推陈出新，竞争日趋紧张激烈，社会需求越来越多样化。这使人们在工作、学习中面临的情景和环境极其复杂。在很多情况下，单靠个人的力量很难完全处理各种错综复杂的问题并采取切实高效的行动。所有这些都需要我们具备协调与合作的能力，需要与他人相互依靠、相互关联、共同合作，建立合作团队，从而解决错综复杂的问题。

同时，协调与合作的能力对个人事业的发展影响很大，是人们取得成功的重要条件之一。拥有良好的协调与合作能力，可以帮助我们从团队中获得财富资源、权力资源以及信息资源的支持，能为个人事业的发展创造优良的环境并奠定良好的基础。

三、与人际长板相关的素养和能力

1. 表达能力

拥有良好的表达能力是人际长板优势得到发挥的显著特征，良好的表达能力是人际长板的核心要素之一。良好的表达能力能够帮助我们更好地去表达想法和意见，让他人理解自己的立场和观点，从而展现自己的特长和优势，让他人更加信任和认可自己。

2. 倾听能力

在社会交往中，倾听能力是一项非常重要的技能，也是人际长板的核心要素之一。具备这项技能可以帮助我们更好地与他人交流，理解他人的想法和需求，更好地建立信任关系和产生共鸣，从而让他人更加信任和认可自己。倾听能力也是人们在领导和管理时必须具备的素质之一。

3. 情绪觉察能力

一个具有情绪觉察能力的人能够敏锐地觉察到他人的情绪状态，并能够感受和理解他人的情感。在与他人交往和沟通时，这些技能可以帮助我们更好地理解和回应他人的感受和需求，从而建立更好的人际关系，更好地把握交流的节奏和方向。

4. 同理心（共情能力）

同理心是人际长板优势能够得到发挥的内在因素。同理心是指个体能够从他人的角度出发，关注他人的感受和需求，能够给予理解和支持，并在人际交往中表现出同情心和关爱的能力。

5. 边界感

发挥人际长板优势需要个体具备良好的边界感。只有这样，我们才能够在与他人交往时保持适当的距离和界限，同时也能够保护自己的利益和权益。保持自我的独立性和自我认同，可以帮助我们建立健康、稳定的人际关系，处理人际关系中的冲突和问题，以及可以更加自信地发挥自己的长处和优势。

四、发挥人际长板优势的工作技能及代表性职业

人际长板涉及的工作技能主要有服务、接待、沟通、认同、交易、个别辅导、生活教练、心理咨询、顾问、评价他人、说服、推销、招

聘、激励、授权、谈判、仲裁、合作、抗争等。

发挥人际长板优势的代表性职业主要有人力资源经理、培训经理、招商销售、客户代表、媒介专员、社交媒体运营专员、自媒体从业者、学校教师、辅导员、培训机构教师、工程咨询师、财务咨询师、科技咨询师、仲裁者、社会学家、人类学家、心理咨询从业者、心理学家、护士、公关人员、旅游业从业者、社会工作者等。

五、强化人际长板优势的策略

1. 主动参与群体性活动

主动参与群体性活动是强化人际长板优势非常好的机会，可以结交新朋友、拓宽视野、锻炼能力和提高自我素质。

主动参与群体性活动要求我们自觉维护群体的荣誉和利益，服从群体的安排，为群体出谋划策，努力解决群体遇到的困难，而且应在与群体成员的日常交往和活动中与其他成员和睦相处。那么作为一名大学生，我们该如何主动参与群体性活动？可以从以下几个方面入手。

（1）了解活动信息

了解各种群体性活动的信息，可以通过学生社团、社交媒体和学校网站等途径获取信息。在这个阶段，你可以有选择地尝试参加一些没有接触过的活动。

（2）注重实效

参与群体性活动不仅可以消磨时间，通过选择一些与自己专业或兴趣相关的活动，还可以学习新知识，提高自己的技能和素质。

（3）主动参与

在群体性活动中，要积极主动地参与讨论、提问和分享，表达自己的观点和想法。

（4）结交新朋友

参与群体性活动是一个很好的结交新朋友的机会，可以主动与别人交流，认识志同道合的人，扩大社交圈子。与此同时，应克服恐惧，不要害怕被拒绝。

（5）做好规划

参与群体性活动需要花费时间和精力，需要做好时间规划，不能让群体性活动耽误学业和其他重要事情。

（6）积极调整心理状态

参与群体性活动有时候会遇到一些挑战和压力，需要积极调整心理状态，保持积极乐观的心态，不要过分焦虑和紧张。

2. 强化人际交往的“五感”

强化人际长板优势，可以尝试利用 SCARF 模型。SCARF 模型总结了驱动人类行为的五个社交元素，包含了“五感”——地位感、确定感、自主感、连接感与公平感。

这五个社交元素，是在人际交往中大脑非常重视的主要奖赏或主要威胁。如果我们在人际关系中能够敏锐地识别出“五感”，就能够提前预测自己或者他人，会在什么时候产生强烈的得到奖赏和意识到威胁的反应，也就能够提前做出行为预测和情绪管理。

在心理层面，如果人际交往中我们对这五个社交元素的需求不能得到满足，大脑就会意识到威胁，激活强烈的负面情绪。这时，我们需要使用重新评估法，在认知层面重新评估该事件，从而调节情绪，以免在情绪激动时做出伤害人际关系的行为。

在行为层面，如果你能同时使自己或他人对多个 SCARF 模型社交元素的需求得到满足，就有了一个强大的人际交往工具，不仅可以让自己和他人感觉很好，还可以优化自己和他人的表现。

总而言之，可以试想一下，当你和某人交往时，如果对方让你发现自身的优点（提升地位感），清楚地表达对你的期待（提升确定感），让你自主做出决定（提升自主感），给予你亲切的关怀（提升连接感），还公平公正地对待你（提升公平感），你会有什么感觉？你会感觉到更平静、更快乐、更自信、与对方更亲密，你会想更多地和对方待在一起，并竭尽所能地帮助这个人，这是强化人际长板优势的有效途径。所以说强化人际交往的“五感”是发展人际长板的关键之一。

具体可以这样做。

（1）地位感

可以适当放低自己的姿态，给予他人正面反馈，这两种方法可以提升他人的地位感。可以通过与过去的自己比较，来提升自己的地位感。

（2）确定感

可以通过预测自己或他人每种选择的后果，来提升自己或他人对事件的确定感。

（3）自主感

可以在事件中，通过为自己或他人创造选择权，来提升对事件的自主感。

（4）连接感

可以用分享自己的个人经历或创造共同经历这两种方法，来与陌生人建立连接；可以用树立共同目标的方式，化解他人对你的敌意，提升连接感。

（5）公平感

可以通过处事公平，来提升自己和他人的公平感。

第二节　管理领导长板

一、管理领导长板的概念

管理领导长板，是指具有管理者的能力和领导者的品质，是一种能将团队成员凝聚在一起完成任务的能力，是在群体事务上作为决定者、责任者和主导者角色所需具备的组织、协调、决策、激励的能力。

拥有管理领导长板的人也是对他人拥有影响力和感召力的人，能带领一个团队达成目标，完成任务，也具有独当一面、解决问题的能力。

二、发挥管理领导长板的优势

管理领导长板能够帮助个体更好地进行组织和规划，有效地进行协调与合作，促进团队的发展，让个体在职场中提高竞争力。发挥管理领导长板的优势体现在以下几个方面。

1. 提升解决问题和完成任务的效率

拥有管理领导长板的人可以有效地组织团队来完成单个人难以完成或者需要很长时间才能完成的事情，提升解决问题和完成任务的效率。也就是说，拥有管理领导长板的人可以让团队真正发挥团队优势。

管理领导能力强的人能够合理分配任务给团队成员，并且根据每个人的能力和兴趣进行任务的委派。通过清晰的任务安排，团队能够高效地完成任务，减少重复劳动，提高工作效率。同时，充分发挥管理领导长板优势能够使团队成员实现有效的沟通和顺畅的协调，能够清晰地传达任务要求和预期结果，并与团队成员有效地合作。通过良好的沟通和协调，可以减少误解和冲突，提高团队的工作效率。

2. 更容易在团队中感受到自我价值的实现

拥有管理领导长板意味着可以对更多人施加影响力，更容易在团队中赢得信任、获得资源，更容易主导需要团队参与的大型工作和承担更高级别责任，更有机会获得更丰富的工作经验从而获得晋升。因此，拥有管理领导长板的人更容易在团队中感受到自我价值的实现，从而获得自信。

3. 获得职场竞争力

通过有效地管理任务和项目，达成预期的成果，个体会获得成就感和满足感，这种积极的经验会增强自信心，使个体相信自己有能力面对和解决工作中的挑战。

良好的沟通和协调能力，以及对他人需求和期望的理解能力，能够帮助个体建立积极的人际关系和形成有效的影响力，这种积极的影响为个体在团队中的地位和竞争中的优势提供了保障。

总体而言，当你具备管理领导长板时，你将拥有更高的工作效率，更准确的决策，更好的团队合作，更高的个人竞争力，以及持续的自我成长和发展，这些都将为你的职业生涯和个人生活带来积极的影响。

三、与管理领导长板相关的素养和能力

1. 自我管理能力

要真正成为团队的领头羊，需要依靠自己的主观能动性，有意识、有目的地对自己的思想、行为、价值观进行反思和干预；需要提升自我责任感和使命感，树立正确的人生观、价值观；需要立大志、勤读书、多实践、会操作、善提炼，提升个人领导能力。

安排团队任务时要做好时间管理，让团队能有计划地、高效地完成任务。彼得·德鲁克说过：不会管理时间就不能管理一切。

制定目标是领导者的责任，目标是行动的方向，目标可以有效地激励人前行。要有目标制定意识，善于提出目标，善于激励人追求目标，善于组织团队达成目标。

2. 承担团队责任的能力

有责任心是对团队成员的底线要求，团队成员对团队的贡献决定着其在团队中的价值。

管理领导者要自觉在工作中尽职尽责，勇于承担责任，面对困难冲在前面，协助团队成员处理问题。

管理领导者也要为团队成员树立责任意识，使团队成员在完成任务时能坚持到底，不中途放弃，保质保量，全力以赴。

3. 组织协调能力

组织协调能力即善于观察团队中各成员的性格、特长、爱好，有效整合资源，明确职责、合理安排团队分工，科学处理内部矛盾和冲突，制定团队规则，组织协调团队内部工作，带动团队共同奋进，提升团队凝聚力。

尊重团队中每个成员的角色差异，允许其优缺点共存，取长补短，可以实现团队的最大价值。

4. 科学决策能力

在面对机会和挑战时，可以通过对现状的分析，制定出详尽的解决方案，设计行动计划，带领团队实施解决方案，最终完成项目和任务。要善于灵活采取各种决策方式。

5. 激励技能

激励可以调动团队情绪，推动团队发展。管理领导者应该善于发现团队成员取得的成绩并加以赞扬，善于信任他人并建立相互信任的关系，懂得倾听以实现良好沟通，了解如何依据需求、动机设计适宜的激励机制。

赞美是最简单的、最好的激励方式，一句真诚的赞美，就能鼓励团队成员，取得事半功倍的工作效果。每个人都希望自己的成绩和进步被别人肯定，管理领导者应能够发现并关注这个细节。

四、发挥管理领导长板优势的工作技能及代表性职业

管理领导长板涉及的主要工作技能有组织、规划、协调、合作、解决、分配、沟通、理解、保障、能动、反思、激励、凝聚等。

发挥管理领导长板优势的主要代表性职业有领导者、企业家、管理者、创业者、企业运营者、项目经理、制片人、销售经理、教育培训者、客户经理、个体经营者等。

五、强化管理领导长板优势的策略

1. 在团队中主动承担责任

管理领导长板是一种能“成事”的能力，是在一次次成功带领团队完成任务中得到发展的，是要有承担任务的机会才能得以充分展示和强化的个人长板。所以，唯有主动承担责任，才有展示和提升能力的机会。要在团队中充分发挥主观能动性，成为团队的中坚力量，带领团队成员解决难题、感召他人、挑战自我、共启愿景。

2. 阅读人物传记并学习管理理论、技巧、工具

通过阅读人物传记，可以在一个比较概括的角度了解别人的思维模式、行为方式，学会迎接挑战和消化失败，借以获得灵感、提升智慧，并修正自己的人生观、价值观和处理事情的方式。这从某种程度上可以帮助自己提升决策能力和领导能力。

对现代科学管理理论的学习，对管理技巧和管理工具的熟练掌握，可以帮助个体实现管理理念的更迭和管理效率的提升。因此，必要的学习有助于管理领导长板优势的强化。

第三节　商业长板

一、商业长板的概念

商业长板是指在商业领域中所表现出来的独特才能和品质，具体指把握商业机会、创造商业模式和价值的能力，以及敏锐的市场经济意识。

拥有商业长板的人有独特的市场洞察力和感知能力，以及战略思维、决策能力和资源整合能力等。具备商业长板的人擅长在商业环境中发现机会、制订有效的商业计划、进行有效的资源管理、建立和发展业务，并取得持续的商业成功。

二、发挥商业长板的优势

1. 善于将机遇转化为财富

商业长板突出的人能够敏锐地识别潜在的商业机会，关注市场趋势、消费者需求、技术创新等因素，并能够将这些信息转化为具体的商业机会。同时，他们也善于整合各种资源，包括人力、资金、技术和市场网络等资源，以支持对商业机会的挖掘，最终将商业机会成功地转化为财富。

2. 善于整合资源

具备商业长板的人更擅长发现和利用各种资源，将它们有效地整合起来，以支持商业活动并创造经济价值。他们通常具有广泛而有价值的人际关系网络，往往通过这些网络来传递和获取商业机会和资源，他们利用人脉关系将资源整合在一起，从而形成协同效应。

3. 更加果敢和抗挫

具备商业长板的人往往具备较强的决策能力，他们能够迅速分析形势、制定策略，做出果断的决策。这种果敢的决策能力使他们能够迅速行动，不畏艰难，在面对困难和挫折时能够坚持不懈地克服并继续前进，并从失败中总结经验教训，调整策略和方法，不断改进和适应变化的环境，最终在竞争激烈的商业环境中取得优势。

三、与商业长板相关的素养和能力

1. 市场洞察力

市场洞察力是指对市场和消费者行为深入理解和洞察的能力，以及对市场趋势和机会有较高的敏感度。

具备商业长板的人能够更好地把握市场需求和变化，做出准确的决策，并针对市场机会进行创新和营销；拥有数据分析、消费者和竞争状况洞察、创新思维以及沟通能力和领导能力等方面的技能，能更好地把握市场机会，为商业成功奠定基础。

2. 创新思维

创新思维是指以开放性、前瞻性和创造性的方式思考问题，寻找解决方案的能力。这种思维方式能够帮助商业从业者在竞争激烈的市场中不断创新、解决问题、发展业务，从而提高竞争力。

3. 沟通和谈判能力

沟通和谈判能力是指能够在商业环境中有效地传达和交流信息，以及能够以合作和协商的方式达成共识的能力。良好的沟通和谈判能力对于商业长板而言是至关重要的，可以帮助人们建立良好的合作关系，解决问题，实现商业目标。

4. 对金钱和数字的敏感度

对金钱和数字的敏感度是指对财务数据和经济数据的敏感度和理解能力，以及对商业模式和盈利能力的洞察力。这种敏感度通常是具备商业长板的人常见的特点之一，能够使他们快速、准确地理解和分析财务数据、经济数据，并将其应用于商业决策和战略规划中。

对金钱和数字的敏感度可以帮助企业管理者和从业者做出明智的财务决策，有效管理资源，并实现盈利和可持续发展。

四、发挥商业长板优势的工作技能及代表性职业

商业长板涉及的工作技能主要有整合、链接、协同、分析、决策、调整、洞察、把握、发现、传达、交流、理解等。

发挥商业长板优势的代表性职业主要有销售代表、商务拓展经理、创业者或企业家、市场营销经理、商业咨询顾问、财务分析师等。

这些代表性职业可以充分发挥商业长板的优势。

五、强化商业长板优势的策略

1. 加入成功的商业团队积累经验

加入成功的商业团队可以帮助个体积累宝贵的经验，获得机会，可以学习各种商业技能，包括市场营销、销售、财务管理、项目管理等。这些经验、机会和商业技能对于强化商业长板优势是至关重要的。

加入成功的商业团队与经验丰富的商业专业人士合作，可以获得实战经验、行业见解和成功策略，从而在商业领域更加出色地发展。

2. 关注市场动向、研究市场规律

关注市场动向可以帮助个体掌握不同行业的发展趋势和变化，从而洞察市场机会。了解市场的需求、竞争格局和消费者行为，可以使个体在商

业决策上更加精准和敏锐。

研究市场规律可以帮助个体了解竞争对手的策略和行动，以评估自身的竞争优势和差异化机会。对市场规律的独到理解和把握，可以使个体帮助商业团队在竞争激烈的市场中脱颖而出。

3. 逐步尝试实践

在实践中，人们将面临各种不同的商业决策，包括产品定位、市场推广、资源分配等。通过逐步尝试实践，实施这些决策，能够锻炼并提高个体的决策能力，不断促进个体成长和进步。

逐步尝试实践是强化商业长板优势的重要途径。通过实践，我们可以尝试不同的商业策略，创新产品或服务，展现出自己的独特观点和能力，进一步强化商业长板优势。

4. 学习经济和市场理论以及管理、沟通理论和技能（或技巧）

学习经济和市场理论可以帮助个体了解商业环境中的供求关系、市场竞争类型和经济运行规律。

学习管理理论和技能可以提高个体组织和领导商业团队的能力。管理技能包括项目管理、团队协作、决策制定等技能。

沟通理论和技巧可以帮助个体有效地传达信息、建立良好的人际关系，并与客户、合作伙伴和团队成员进行有效的合作和协调。

这些理论和技能（或技巧）可以使个体帮助商业团队提高在商业竞争中的竞争力和成功概率，从而强化个体的商业长板优势。

第四节　语言长板

一、语言长板的概念

语言长板指的是个体对语言的掌握和灵活运用的能力和相关品质，表现为个体能准确、流畅地呈现信息，语言感染力强，能说服他人。

语言长板可以具体呈现为三种能力：口头语言和身体语言表达能力，包含身体姿态等；书面逻辑表达能力；多媒体表达能力。

在人的成长过程中，语言是非常重要的，没有语言，人们就难以充分表达自己的思想，难以顺畅地与他人沟通和参与社会活动。

二、发挥语言长板的优势

发挥语言长板的优势意味着利用语言天赋来呈现个人能力。语言长板突出的人能简明扼要地讲明复杂问题；表达具有感染力；更容易和他人建立情感连接，建立信任感。

1. 能简明扼要地讲明复杂问题

语言长板突出的人能通过简洁明了的语言表达，将复杂问题的核心要点和关键信息提炼出来，能够清晰、准确地表达自己的想法和观点，从而更好地传递和沟通信息。

此外，拥有语言长板的人可以借助自己的语言能力将复杂问题转化为更易于理解的形式，将抽象的概念具象化，从而帮助自己和他人更好地理解和解决复杂问题。还可以运用可视化工具，如图表、图像等，将复杂问题呈现出来，以更直观的方式提供信息和解决方案。

2. 表达具有感染力

拥有语言长板的人能够以准确、生动和有力的方式表达自己的观点、情感和意图。他们通常熟悉各种语言技巧和修辞手法，如比喻、类比、排比等，能够巧妙地运用这些语言技巧和修辞手法，并选择恰当的词汇和语气来吸引他人的注意力，以增加言辞的生动性和吸引力。

拥有语言长板的人具备出色的故事叙述能力，能够以引人入胜的方式讲述故事，激发他人的情感和共鸣。他们能够选择恰当的情节、描写方式和语气来打动他人，进一步增强感染力。

3. 更容易与他人建立情感连接、建立信任感

语言长板突出的人通常能够更准确和丰富地表达自己的情感。他们懂

得选择适当的词汇和表达方式传达出他们内心的感受，能够用情感充沛的语言表达自己的喜怒哀乐，与他人建立情感连接，获得情感共鸣，建立信任感。

三、与语言长板相关的素养和能力

1. 语言学习能力

语言长板突出的人对语言更敏感，能够快速学习和掌握语音、语法和词汇等，能比其他人更快速、更轻松地掌握和应用新的语言。

2. 语言理解能力

语言长板突出的人可以更快速、准确地理解和使用语言，更容易理解语言的结构和隐含的意义，对语义的感知也更敏感，能够快速捕捉语言表达中的细微差别。

3. 自我表达能力

语言长板突出的人能够以清晰、准确和有说服力的方式表达自己的观点，这能使个人在表达自己的过程中更流畅、更自信；更擅长以非语言的方式来丰富和强化自己的表达，如身体语言、面部表情等。

4. 有效沟通能力

语言长板突出的人不仅能够清晰、准确、恰当地传达信息，还能够倾听、理解和回应对方。能够实现非语言表达和语言表达相一致，能够建立良好的沟通关系并促进有效交流。

5. 跨文化交流能力

语言长板突出的人通常具备较高的文化敏感性，能够理解和尊重不同文化之间的语言和交际习惯，避免语言和文化误解，从而更好地与来自不同文化背景的人进行交流和合作。

四、发挥语言长板优势的工作技能及代表性职业

语言长板涉及的工作技能主要有与人交谈、叙述、通知、教导、写

作、用言辞表达、说某种外语、口译、笔译、教学、讨论、研究、倾听、抄录、校对、编辑、计算机文字处理、归档、报告等。

发挥语言长板优势的代表性职业主要有作家、编辑、公众演说家、笔译和口译从业者、媒体和广告业从业人员、教育工作者、媒体评论员和品牌公关人员、图书馆管理员、档案保管员、博物馆或艺术馆馆长、语言校正专家、广播员、新闻记者、法律助理、律师、秘书、打字员、校对员、语文教师等。

五、强化语言长板优势的策略

语言长板虽然很大程度上是与生俱来的能力，但是如果后天不加以训练，自身语言长板也难以得到发展和利用，因此拥有语言长板的人需要找到一些方法和平台，让自己的语言长板得到规范的发展和强化，最终为自己所用。

1. 参加语言类课程的学习

语言类课程可以帮助我们更深入地掌握语言知识和技巧，提高口头表达能力和书面表达能力，增强阅读理解能力，提高对自己语言表达能力的自信心。

2. 参加演讲和辩论活动

演讲和辩论活动可以展示和验证语言长板，激发表达潜能。

准备演讲稿并在公众面前发表演讲，或者开展即兴演讲，都可以完善语言表达的技巧，锻炼思维的敏捷性，提高表达的自信心。

与他人就某个议题展开辩论更是对语言表达能力和思维能力的一种高强度挑战，可以提高口头语言表达的清晰度和说服力。

3. 坚持阅读

大量阅读是获取信息以及提升语言表达能力的重要途径。通过阅读获取知识和语言材料，表达的时候才能言之有物。阅读了很多优秀的表达之后，自己的表达才能不断上台阶。

4. 坚持写作

写作是将语言付诸实践的重要方式，提高书面表达能力要靠不断地写作。坚持写作，可以选择各种文体，如议论文、说明文、小说、散文等。在写作过程中，可以一边阅读和分析优秀的作品，一边思考作者是如何组织和表达观点的，并尝试将这些技巧应用到自己的书面表达中。

5. 参加写作比赛或文学竞赛

参加各种写作比赛或文学竞赛，可以展示和验证语言长板，积累显性化成果，强化长板优势。

第五节　左脑长板

一、左脑长板的概念

左脑长板，也称逻辑数学长板，是指对于逻辑结构关系的理解、推理能力，以及在思维表达方面的能力和品质。

在现实中，个体具有左脑长板可以表现为：对事物间的各种关系，如类比、对比、因果等具有很高的敏感度，可以很好地进行数理运算和逻辑推理。

二、发挥左脑长板的优势

左脑长板突出的人善于分析事情的好坏、懂得权衡事情的利弊，在人生的每个十字路口，他们都更有可能做出正确的选择，所以他们更容易获得成就。

现实中，无论是公务员招考，还是名企招聘，都有对逻辑思维能力的考核，这足以说明具备逻辑思维能力的优势。

1. 思维更严密和准确

拥有左脑长板的人通常思维具有严密性和准确性。他们能够进行准确的推理和证明，辨别逻辑错误和数学错误，并能够遵循精确的思考和表达标准。这使他们在处理复杂问题时能够保证结果的准确性和可靠性。

2. 更能识别规律，做出明智决策

识别规律是指个体对于一系列数据、观察结果或模式进行辨识和理解的能力。这种能力使我们能够发现事件背后的共同特征、关系或规律，从而能够做出预测和推断。

识别规律的重要性体现在各个领域，如自然科学、数学等。它帮助我们预测趋势、解释现象，并提出合理的推论。通过识别规律，我们可以更好地理解和预测事件的发展趋势和可能的结果。这有助于我们做出明智的决策，降低风险，提高成功的概率。

3. 思维严谨，更能清晰表达

逻辑思维能力使人们能够以逻辑严谨的方式进行思考和表达。通过逻辑推理，我们可以将想法和观点组织得更加清晰、有条理，使得沟通更加明确和有效。逻辑思维能力有助于我们准确地传达我们的思想，并确保我们的观点能够被他人理解和接受。

三、与左脑长板相关的素养和能力

与左脑长板相关的素养和能力是综合性的，包括科学研究能力、数据分析和统计能力等。这些能力相互促进，使学习者能够更好地运用数学知识进行分析、推理，并解决问题。

1. 科学研究能力

科学研究是一个系统性工作。科学研究的过程包括：在发现问题后，经过分析找到可能用于解决问题的方案；利用科研实验和分析，对相关问题的内在本质和规律进行调查研究、实验、分析等；为创造、发明新产品和新技术提供理论依据，或创造、发明新产品、新技术。对以上过程的推进处处都需要逻辑思维能力。

2. 数据分析和统计能力

左脑长板突出的人通常具有良好的数据分析和统计能力。

数据分析和统计常常需要做的就是：统计数据，得出分析结果，并且将数据的分析结果与行动联系起来，从而推断出下一步所需要采取的措施。

拥有良好的数据分析和统计能力的人，能够深入地分析和评估数据和其他信息，从而更好地进行决策和规划。他们能够更好地理解和运用统计学的方法和概念，从数据中提取有用的信息和结论，并能够通过逻辑推理将其与其他领域相关联。

3. 逻辑推理能力

想要进行演绎推理，就必须有强大的逻辑推理能力，首先应能够对事物进行细致入微的观察，逐渐收集线索，然后依靠强大的逻辑推理能力将看到的、听到的东西连接起来，做出合乎逻辑的推断。这个过程无疑需要应用逻辑推理能力。

4. 逻辑表达能力

现实生活中有很多人，在交谈中会表现得反应很慢，或者说着说着就会语无伦次。但是拥有左脑长板的人基本不会出现这样的情况，他们会在倾听的过程中不断思考，然后将自己想要表达的东西有逻辑地阐述出来。

5. 抽象思维能力

左脑长板突出的人具有较强的抽象思维能力，能够将具体的问题转化为抽象的概念和符号，再通过逻辑推理来理解问题。他们能够从具体的例子中抽象出通用的规律和原则，并应用于其他类似的情境中。

6. 建模和优化能力

左脑长板突出的人能够运用逻辑和数学的方法建模，并通过优化方法找到最优解。他们能够把实际问题抽象为数学模型，分析出最优的决策和策略，并能够通过数学计算和逻辑推理验证结论，可以减少重复性劳动、降低错误率、优化资源配置。

7. 分析和解决问题的能力

左脑长板突出的人能够以逻辑和数学的方式分析和解决问题。他们能够通过严密的推理和演绎，从问题中找出规律和模式，并提出有效的解决方案。

四、发挥左脑长板优势的工作技能及代表性职业

左脑长板主要涉及理财、预算、经济研究、推理、估算、会计、计算、统计、审计、推测、分析、组合、归类等方面的工作技能。

发挥左脑长板优势的代表性职业有科学研究员、工程师、金融和投资领域从业者、法律领域从业者、教育和培训从业者、查账员、会计人员、采购员、保险业从业者、数学家、统计学家、计算机分析师、经济学家、自然科学教师等。

拥有左脑长板的人在科学研究领域、工程领域、金融和投资领域、法律领域、教育和培训领域都有明显优势。

五、强化左脑长板优势的策略

我们可以找到一些方法以及平台，让我们的左脑长板优势得到发挥和强化，最终为我们所用。

1. 参加思辨类活动

一些思辨类活动，例如辩论赛、模拟法庭训练等，能够让左脑长板优势得到发挥和强化。

在参加辩论赛的过程中，从资料搜集、提出论点、提供论据、严密论证，到在分析对方论证基础上驳斥对方观点，辩论者都要正确运用概念、做出恰当判断、进行有效推理、给出有力论证，同时也要严格遵守逻辑思维基本规律。

通过模拟法庭训练，个体可以在模拟的法律案件审判环境中切身感受法庭辩论的氛围，分析控辩双方或原告、被告双方在法庭辩论中运用的逻辑方法及其论证逻辑的有效性，分析如何运用逻辑思维更为有效地解决法律问题，从而提高逻辑思维实践能力。

2. 进行批判性阅读与科研论文写作训练

批判性阅读是在文本阅读过程中对文本质疑、分析、判断并加以评价的阅读，是对文本的深层次理解。我们可以选择说理类型和辩论类型的文章进行阅读与分析，从演绎、归纳、类比、定义、分析、综合、论证等逻辑角度探寻作者写作的逻辑思路，从而训练逻辑思维能力。

科研论文的写作一般包括选题、文献搜集与分析整理、提出论点、给出论据、展开论证等环节，在每个步骤中，逻辑思维都起着重要的作用。因此，科研论文写作训练也可以使训练者有效发挥和强化左脑长板优势。

3. 参与逻辑思维游戏

通过游戏的方式去发挥和强化左脑长板优势，可以更有乐趣和效率。逻辑思维游戏包括：数字化的教育游戏、棋牌类游戏、数独游戏、扫雷游戏等。

第六节　空间长板

一、空间长板的概念

空间长板指的是能对色彩、形状、空间位置等要素表现出准确的感受，并能够对其进行准确表达的能力和相关品质。具体来说，空间长板是对线条、形状、结构、色彩和空间关系具有高敏感度，以及能够通过图形让它们得以呈现的能力，是进行艺术、科学、数学乃至文学活动的不可或缺的能力。

二、发挥空间长板的优势

拥有空间长板的人会比其他人有更强大的空间想象能力，有更准确的导航和定位能力、更强的空间转换能力，等等。

1. 更强的方向感

具有空间长板的人，更容易在空间中进行准确的导航和定位。他们能够轻松找到方向，快速建立对环境布局的认知，快速找到目的地，避免迷路和浪费时间。这种能力可以提高生活效率，减少不必要的压力和困扰。

2. 更容易实现空间转换

空间长板突出的人，具有更好的对二维、三维空间转换的能力，对周围空间、方位的把控能力相对更强。他们可以更好地理解和分析图像和平面布局，能够将平面图像中的信息转化为更全面和更具体的三维概念；在设计和建模领域，能将二维概念转化为具体的三维产品或结构。

3. 更擅长几何推理

空间长板突出的人，能够更轻松地理解和运用几何概念；能够理解物体之间的空间关系，包括大小、形状、位置和方向等；能够准确地判断和描述物体的空间属性；能够快速准确地识别图形和模式；能够在不同的尺度和方向上进行图形转换，更擅长解决几何推理问题。

4. 更容易解决空间设计问题

拥有空间长板的人，具备更强的空间布局、规划和设计的能力。他们能够理解和分析空间需求，认识不同场所的特点和需求，提高空间利用率。同时能够将需求转化为可行的设计方案，并考虑空间的功能、美感和实用性等方面，更容易解决空间设计方面的问题。

三、与空间长板相关的素养和能力

拥有空间长板的人，在空间想象能力、空间感知能力、空间分析能力、空间规划能力等方面都比较突出。

1. 空间想象能力

具备较强的空间想象能力意味着能够在没有实际物体的情况下，通过思维和想象构建出精确的空间图像，包括三维物体的形状、位置、运动等，也包括在脑海中形成、旋转、变换和操作物体、场景的能力。空间想象能力在艺术创作、工程设计、空间导航等领域起着重要作用。

2. 空间感知能力

空间感知能力突出的人，能够准确地感知和理解空间环境和物体的位置、方向和大小等特征，能够更好地进行导航和操作。他们对方向很敏感，对地图的理解能力很强。

3. 空间分析能力

空间分析能力突出的人，能够深入地分析和评估空间环境和物体的特征和优劣，能够更好地对其进行改进和优化。空间分析涉及对空间数据的分析和推理，通过空间分析，可以发现模式、关联、趋势和问题，并从中提取有意义的信息。

空间分析能力在地理信息系统、城市规划、环境科学、商业市场研究等领域都起着重要作用。

4. 空间规划能力

空间规划能力突出的人，可以有效地利用空间资源，使空间更加实用、舒适和高效，使其发挥最大效益；能够有效地规划和设计空间环境，以及物体的布局、组合和装饰等，以便更好地满足空间需求和美学要求；能够考虑到空间的多功能性和可调整性，使其能够适应不同的需求和变化的环境。

四、发挥空间长板优势的工作技能及代表性职业

空间长板主要涉及画图、想象、图书制作、设计、创意、发明、图解、着色、制表、制图、摄影、装饰、影片制作等方面的工作技能。

发挥空间长板优势的代表性职业主要有建筑工程师、城市规划师、地

理信息系统专家、游戏设计师、舞台导演、虚拟现实工程师、测量员、室内设计师、摄影师、美术教师、发明家、绘图员、飞机驾驶员、画家、雕刻家等。

空间长板突出的人在城市发展规划、游戏开发、虚拟现实等方面都拥有突出的优势。

五、强化空间长板优势的策略

强化空间长板优势的策略主要有参加各类相关比赛，空间思维训练，户外活动，美术鉴赏，日常绘画、摄影、手工训练等。

1. 参加各类相关比赛

对于大学生而言，一方面可以通过参加各类相关比赛发展、强化空间长板优势，比如科技界“画法几何”技能大赛、大学生空间信息技术大赛等；另一方面可以通过参加各种设计比赛来让自己的空间长板优势得到针对性强化，比如建筑设计类比赛、嵌入式设计竞赛、光电设计大赛、软件设计大赛等。

2. 空间思维训练

进行谜题和思维游戏，如拼图、迷宫等，可以培养空间感知能力和解决问题的能力。此外，参加国际地理奥林匹克竞赛等也可以提高空间分析能力。

另外，空间类游戏也给玩家提供了大量的视觉和空间元素，玩家需要通过观察和辨识面貌、形状、颜色、细节，了解整个游戏的全貌和局部。在虚拟三维空间中活动和搬动物体，也能够有效地锻炼玩家的空间感，从而不断强化空间长板优势。

3. 户外活动

走出教室，亲近大自然，在丰富绚丽的自然环境中人的想象空间更大，从而有利于创作，这既能陶冶身心又能强化空间长板优势。参加徒步、登山、露营等户外活动，亲身体验不同地理环境的特点和挑战，也可以锻炼适应能力。

通过使用地图软件、导航设备等工具，探索陌生的地方，规划旅行路线，可以提高地图阅读能力和导航能力。如果自己绘制地图，记录旅行经历，就可以进一步加深对地理空间的理解。

4. 美术鉴赏

可以充分利用美术馆、博物馆等资源，将美术与自我、自然、生活、政治、经济、宗教、科学、历史等方面整合起来，获得更为广泛的欣赏体验。通过自身的感知、经验，对欣赏对象进行观察、触摸、感受、联想，从而让自己的空间长板得到更好的发展，让空间长板优势得到强化。

5. 日常绘画、摄影、手工训练

通过绘画感受和认识造型透视的原理、色彩的明暗冷暖等，体验如何用线条、阴影、色彩在二维平面中塑造出空间感和景深感，也可以通过使用不同的工具材料来提升空间表达能力。

通过学习摄影强化自己的空间感，学习如何根据主题寻找相得益彰的拍摄背景、拍摄角度，从而突出摄影主题。

通过熟悉各种各样的手工材料以及对其进行综合使用，可以打破原有的思维定式，充分挖掘我们的创造力和空间想象力。

6. 选择相关学科或专业进行学习

如果对地理特别感兴趣，可以选择相关的学科或专业进一步深造，如地理学、地理信息科学、地理环境工程等，从而深入理解地理空间。

7. 参与相关实践项目

参与相关实践项目，如地质调查、地形测量等，培养实际操作的能力，并将所学知识应用到实际问题中，例如规划城市发展、保护环境等。

8. 练习空间表达技能

练习使用图形、图表、地图等可视化工具来传达空间信息的空间表达技能。学习如何清晰地表达自己的空间想法和设计方案，将复杂的概念和观点转化为易于理解的形式。

学习并熟练运用各种空间设计软件和工具，以便更好地进行规划、设计和制作，包括掌握和运用各种空间技术设备和软件，以解决空间设计的相关问题。

第二部分　非职业性、非学业性长板

第一节　觉察长板

一、觉察长板的概念

觉察长板是指个人能够知道、了解、反省、思考自己的相关品质和能力。具体表现为对个人情绪、行为、想法、人际关系及个人特质等方面的觉察和反省。自我觉察是生存的重要技能之一，能够使我们对自己有更清晰、准确的认识，是实现个人价值的助推器，是建立更高品质、更令人满意的亲密关系和社会关系的基础。

二、发挥觉察长板的优势

觉察长板突出的人能够准确地控制自己的情绪、动机、脾气，能正确地认识自己的特点、长处和短处，并依此做出适当的行为；常思考人生价值和目标，喜欢做计划，充满梦想，倾向于独自工作或是喜欢独处，喜欢用深入自我的方式来思考。

1. 更能获得自信和自爱

具备觉察长板的人能够清晰地了解自己的状态，对自我的定位有一个非常明晰的界定，在他们身上能够明显感受到自信与自爱两种气质。

自信就是对自己的信任，就像你愿意把某个事情交给你了解的人去做，因为你了解他、信任他，所以知道他能做好这件事。当你足够了解自己，就知道自己在不同情况下会有什么样的想法和行为，在此基础上也能将自己的能力作用最大化，故而形成一种良性循环，也就更加自信了。而不够了解自己，做事就会束手束脚或者盲目乐观，可能会形成自卑或自傲的心理特征。

先自知，方自爱。只有真正知道自己，了解自己，才能明白自己需要的、自己追求的、自己所爱的是什么，也就能更加关爱自己。举例来讲，在爱情中，没有人会爱一个自己不认识、不了解的人，只有在了解对方的前提下才能在情感上进一步互相融合。那么反推过来，如果不了解自己，不知道自己的需求，也就不知道如何去爱护自己，因为你不知道做什么才能使自己快乐、幸福、自由等，所以自爱其实就是在精神层面满足自己，而满足自己的前提就是知道自己想要什么。

2. 对生活更有掌控感

“自控力”与“安全感”是觉察长板拥有者的另一显著特征。他们对自己的思想和行为有较好的控制力，对自己的生活有非常强的掌控感。

自控力是对自身行为、目标和思想的控制力。很多人觉得自己自控力差，比如产生了早睡或者学习的想法，却无法做到，这也是自我认知的体现。自控力具体体现在面对诱惑和冲动时能否自觉地控制自己的情绪和行动。当我们有清醒的自我认知，明白自己的行为与目标和结果的关系时，也就能更好地控制自己。

安全感是指我们明白自己的思想和行为会带来的后果，能根据利益选择安全有效的做法，以得到安全可控的结果。安全感其实就是掌控感，当事情在我们的掌控之中时，我们就不会害怕过程或结果，即使不能达到自身思维和行动追求的目标，我们也能清楚认识到其中的偏差与原因。有些人没有足够的自我认知能力，其意识、行为产生了不良结果而又不知道原因，导致其害怕选择、害怕行动等，也就造成了安全感的缺失。

3. 更清晰的目标和方向

觉察长板能够让我们具备清醒的自我认知，会使我们更加具有方向感，更加了解自己的需求、能力、目标，能够分析自己的优缺点，知道如何追求自己想要的；而缺乏自我认知就很难为自己的人生找到明确的方向，不知道该去做什么、怎么做，只是走一步看一步，容易迷失自我，对于个人发展来说是非常不利的。

总的来说，只有认识自我，才能实现自我、超越自我。当我们发掘自己的觉察长板后，即代表对于自我以及周围环境的关系有着清晰、明确的理解和自觉的态度，在此基础上，我们在个人发展的各个方面都会展现出明显的优势。

三、与觉察长板相关的素养和能力

1. 自我认知能力

自我认知能力是觉察长板的基础核心能力，我们只有能够深入地了解自己的性格、价值观和行为模式，才能认识到自己的优点和缺点，才能更好地发挥自己的优势和弥补自己的不足。自我认知还可以帮助我们更好地了解自己的极限和潜力，让我们更好地挑战自己的极限，实现自己的目标。

2. 自我反思能力

自我反思能力是觉察长板的核心素养，自我反思也可以解释为批判性思维。批判性思维是对他人或自己的观点、做法或思维过程进行评价、质疑、纠正，并通过分析、比较、综合，从而达到对事物本质更为准确和全面认识的一种思维活动。自我反思能力能够帮助我们对自己的行为和决策进行深入的反思和评估，反思自己的思考方式和行为模式，以便不断地提高自己的素养和能力。

3. 自我控制能力

自我控制能力是觉察长板的显性能力，具体表现为能够控制自己的情绪和行为，能够避免冲动和情绪化的行为，能够有效地应对压力和挑战，能够及时调整自己的思维和行为方式，这让人能够适应不同的工作和环境，同时也能够适应自己的成长和变化。

4. 自我管理能力

自我管理能力是觉察长板优势能够发挥的重要保障能力。自我管理能力指可以有效地规划自己的时间和工作，遵守自己的承诺和计划，保持高效的工作状态和积极的心态；善于调节情绪，对生活中矛盾事件等引起的负面情绪能适时地排解，以乐观的态度缓解紧张的心理状态，不断进行自我激励、自我完善。

5. 价值观和伦理道德

拥有觉察长板的人，有明确的价值观和伦理道德，能够清晰地认识自己的价值观和伦理道德标准，遵守道德规范和法律法规，以保持良好的道德形象和行为表现。

四、发挥觉察长板优势的工作技能及代表性职业

觉察长板主要涉及的工作技能有执行决策、单独工作、自我提升、设定目标、达成目标、自动自发、评定、估算、规划、组织、明察待机、自省、自知等。

发挥觉察长板优势的代表性职业有各专业学科教师、心理治疗师、心理辅导人员、行政管理人员、人力资源管理人员、财务总监、审计师、会计师、工商管理人员、方案规划人员、企业家、销售经理、电商运营师、客户经理、市场营销经理、哲学家、律师、艺术创作类岗位、其他各类服务型岗位等。

五、强化觉察长板优势的策略

当一个人发现自己在进步的时候，就是将现在的自己和过去的自己进

行对比，发现自己在某些方面能力有所提升的时候。而对于提升自己的能力来说最关键的是什么呢？我们一般认为可以从这些方面努力——持续不断地自我反思、自我总结，接受他人的反馈，以及在专业指导下进行正念练习。

1. 持续不断地自我反思、自我总结

自我反思、自我总结的方式多种多样，可以是表格、日记、文档等，只要能够坚持定期进行即可。

用写日记的方式来总结、反思是很有益处的。你需要留意每天学习、生活中最能触动自己的点。不管这个点是令人欣喜的感悟，还是令人难受的困惑，只要它在心头燃起火花，就把它摘取下来做记录、复盘。可以采取以下的结构：

一是描述经过，以便日后回顾时能想起当时的场景；

二是分析原因，多问几个为什么，直到对自己有深度的启发；

三是提出改进措施，尽可能提炼出一个认知点或行动点。

也可以把其中很多的问题列成一个表格，然后在后面直接写答案。这样可以使自己专注于思考具体事情，而不用反复去想还需要从哪些方面去总结。

每日反思，有时候可以只是几句话，有时候可以长达数千字，视心而动，视情而定，只要能让自己更好地看清问题并发生改变就好。在半个月或者一个月的时候，可以再进行一次总结，对前段时间进行复盘。

如果你能够反思、总结，也必然会关注身体、情绪和思维三个层面，进而不断优化和改进自己。当然也会产生很多灵感、顿悟和创意，只要你去实践，就会有很多发现。

有反思、总结的生活，就好比每天在时间的溪流中拾取一块闪亮的小石头，然后精心打磨，不久之后我们就会发现自己身上已经有了一大袋认知晶石，这些认知晶石就是我们生活的印记和结晶。有了这些认知晶石打底，我们的生命质量和密度将远远超过那些不反思、不总结的人。我们甚至可以在很小的年纪就拥有比同龄人更高的认知水平，因为那些只行走不反思的人，即使在生活长河中站上很久，也依然两手空空。

2. 接受他人的反馈

觉察自我，要尝试客观地面对别人的表扬和批评。

被别人批评可能会令我们难以接受，但是没有批评，我们可能无法客观、全面地认识自己。个体想要反驳他人的评论是一种很典型的行为，其实这是一种本能，当我们被他人评论或是指责的时候，我们极想要把这个批评者当成一个“敌对者”来对付。没有人的情绪能完全不受他人评价的影响，只是程度不同。听到赞扬的话高兴，听到批评的话生气，这是人之常情。只是如果情绪经常受到影响，就会影响正常生活，就需要调整。

他人对我们的评价基本分成三类。

第一类是我们确实存在的问题，第二类是我们不能确定是否存在的问题，第三类是我们认为根本不存在的问题。对于第二类和第三类评价，我们最好找亲近的人核实一下，因为每个人对自己的评价不一定都客观。

当他人批评我们时，我们要刻意去觉察自己的情绪，感觉自己情绪明显时，先问问自己：我是哪类情绪？我现在是在愤怒，还是委屈，对方为什么批评我？是真心为我好，还是想故意气我，或者他就是这样的人，对谁都说难听话。故意气我们的，他的目的就是让我们生气，看谁都挑刺，不是针对我们，我们生气干什么？如果真心为我们好，我们应该高兴。平静下来后，再问问自己，他人指出的问题存在吗？如果确定你存在这类问题，就想办法改掉，降低让他人批评你的可能性。

3. 在专业指导下进行正念练习

我们可以通过专业指导下的正念练习觉察自我。正念是指我们有意识地对事物进行不加评判的觉察，保持清醒地、如实地去观察当下发生的一切。通过正念练习，体验正念的状态，可以帮助我们把这种专注、放松的状态带到生活中去。当我们把正念变成一种状态时，就可以无所谓时间、地点地运用它帮助我们调节情绪和状态。

正念练习的步骤非常简单，只要在呼吸的同时，去重复一个让我们感到舒服的词，比如放松、安定、快乐，并且让自己的注意力关注在当下的呼吸和动作上即可。

正念练习的要点，就是要觉察自我、觉察环境。通过关注呼吸这种最细微的东西，全神贯注地觉察自我，同时聚精会神地去感受周围的环境。不要追逐或者驱赶脑海中涌现的念头，接纳它们。

第二节　观察长板

一、观察长板的概念

观察长板是指善于观察的相关品质和能力。具体表现为对自然界中的各种事物的特征非常敏感。拥有观察长板的人有着较强的好奇心和求知欲，有较高的认知和判别能力，创造力和想象力丰富，善于将已知的信息融会贯通。他们的个性也往往充满活力。

二、发挥观察长板的优势

1. 好奇心强，对世界的探索给他们带来创新力

有关学者认为，童年无忧无虑、贴近自然的生活经历对培养和激发其想象力具有巨大的影响。具有观察长板的人往往能在习以为常的自然环境中发现不同之处，善用五感（视觉、听觉、嗅觉、味觉和触觉）感受身边的一切，对自然环境有强大的感知力，并能进行积极探索。

拥有观察长板的人往往更加清楚大自然的本质和复杂性，对环境深入的观察和分析让人能够从自然环境中获得一些灵感，为生活和工作中的问题找到有效的解决方案和创新方法。例如设计师可以从生物的特征、

结构等中汲取灵感，设计出具有高效性和耐久性的产品。

2. 拥有务实地解决问题的能力

拥有观察长板的人会敏锐地注意到环境中事物的特性，根据特性对事物进行归纳、分类、研究，注重客观证据，尊重自然规律，这可以使学习和工作更有成效，并在解决问题的时候更加务实。

3. 从自然经验中获得充满生机与活力的情绪价值

观察能力比较突出的人，在户外或生活在自然的环境中时，通常会感到活力。这种对环境自发性的观摩、探险、玩耍的过程，能满足人好奇、想要探索的本能，培养出自主、自发的学习态度，也能带来极快乐的自然体验，能够自然而然地培养出与大自然和谐共处的能力，并使人从大自然中得到乐趣。

三、与观察长板相关的素养和能力

1. 观察能力

拥有观察长板的人能仔细观察环境中的事物，发现其中的规律，这需要具备训练自己、调动自己注意力的意愿和能力。同时，为了更好地理解环境以及从中发现更多信息，观察者还需要具备一定的知识，比如生态学、地理学、生物学等相关知识，这些知识可以帮助他们获取更多信息，指导他们进行观察。

2. 信息收集和分析的能力

拥有观察长板的人能够记录和整理所观察到的信息，并进行分析，这需要运用归纳和演绎的方法，从所观察到的信息中发现规律，并进行科学的推断和解释。这些能力会通过经验的积累不断提高。

3. 创新能力

拥有观察长板的人有强烈的求知欲和好奇心，有助于对其创新能力的激发。同时，拥有观察长板的人也容易从自然环境中得到启示，提出新的想法、新的解决方法。

四、发挥观察长板优势的工作技能及代表性职业

观察长板涉及的工作技能主要有感受、探索、归纳、分类、研究、观摩、探险、分析、推断、解释等。

发挥观察长板优势的代表性职业有农业专家、生物学家、园林规划师、气候学家、天文学家、生态学家、园艺师、工艺师等。

五、强化观察长板优势的策略

如果想要强化观察长板优势，可以从以下几个方面入手。

1. 提升自然知识素养

自然知识素养是强化观察长板优势的必备条件，可以有意识地增加相关的知识储备——可以通过参加生态考察活动、观察野生动物、阅读相关书籍和学习自然科学课程等方式来提高自然知识素养。

2. 到自然中去实践

可以多参加一些户外的活动，从事一些需要到自然中去进行观察和研究的活动，通过观察自然现象和生物行为，提高自己的观察能力和认知水平。

还可以参与一些实际的保护、研究和创新项目。例如，可以加入环保协会、去自然保护区做志愿者、参加自然科考的项目等。

3. 使用科学工具

在实践中，可以使用各种科学工具来帮助自己观察和分析，可以学习使用望远镜、显微镜、气象仪器、生物监测设备、地理信息系统等科学工具，提高自己的科技素养和观察能力。

4. 记录和总结

对于一个自然观察者来说，认真记录和总结也是非常重要的。可以对自己的观察和研究成果进行详细记录，并根据自己的经验和理解进行总结，这样可以帮助我们更好地发挥自己的观察长板，也有助于在未来的实践中进行进一步提升。

第三节　右脑长板

一、右脑长板的概念

右脑长板也可以称为艺术长板，一般指能敏锐地感知艺术元素的相关品质和能力，表现为对颜色、造型、形状、比例、透视、光影、情感等较为敏感，包括对摄影和视觉艺术、音乐、表演、绘画等艺术形式的敏感度较高，表现力较强。

二、发挥右脑长板的优势

右脑长板突出的人的优势主要是更有创造力和想象力，情感敏感度更高，并且更擅长非语言表达。

1. 更有创造力

右脑长板突出的人倾向于采用非线性、非传统的思维方式思考。他们倾向于进行自由的联想，能够从不同的角度思考问题，将看似不相关的概念联系起来，能够将不同的概念、经验和知识进行灵活连接，更容易产生新颖的观点和创意解决方案。他们在表达自己的观点和创意时，可能更具有灵活性，并且能够通过绘画、音乐、表演等进行创造性的表达。

2. 更有想象力

拥有右脑长板的人通常具有丰富的想象力，特别是在视觉想象方面更有优势，能够在脑海中形成生动的图像和情景，轻松地进行视觉化思考和创作。这种能力可能使他们在艺术、设计、创意等领域具备出色的表现力。

3. 情感敏感度更高

右脑长板突出的人可能对自己和他人的情感体验更加敏感，能够深入感受情感的细微变化，并能够表达和理解他人的情感。更高的情感敏感度使他们更容易与他人产生共鸣，进一步加深对情感和情绪的理解和体验。

4. 更擅长非语言表达

右脑长板突出的人通常更善于通过艺术形式来表达自己的情感和内心世界。无论是绘画、音乐还是表演，他们都能够借助艺术语言和符号来传达情感，创造出触动人心的作品。他们擅长用图像、色彩、音乐等非语言元素来传达信息和表达情感，这种非语言的表达方式更具有直观性和感染力。

三、与右脑长板相关的素养和能力

1. 创造能力

右脑长板突出的人通常拥有独特的创造能力，擅长通过创造艺术作品来表达自己的内心世界、抒发情感，对艺术作品的风格、形式、组合等都有自己的独特见解。对于艺术语言的掌握程度也高于常人，从而能创作出比常人更加优秀、新颖、有趣的艺术作品。右脑长板突出的人大多天马行空，思维活跃，有许多新想法，是非常具有灵气的存在。

2. 图像记忆能力和联想记忆能力

右脑通常与图像和空间处理有关，因此右脑发达的人可能更擅长记忆和回忆图像信息。他们对于视觉细节的记忆更为敏锐，并能够更好地在脑海中形成图像的记忆。

拥有右脑长板的人，具有更强的联想记忆能力。能更容易地将不同的信息和概念联系起来，形成更丰富的记忆网络。

3. 艺术感受力和表现力

拥有右脑长板的人有较高的艺术感受力，能够很好地理解不同的艺术作品所想表达的情感，比如理解一个老唱片背后的故事或一部电影的情感表达手法。

他们也能够通过各种艺术作品表现出各种复杂的情感色彩，使听众能够感同身受。

4. 鉴赏能力和判断力

拥有右脑长板的人对艺术作品有着独特的鉴赏能力和判断力，非常容易从艺术作品中获得情感共鸣，同时也能对艺术作品进行深入的评价和分析，具备自己独立的观点和判断力，包括对艺术作品的审美价值、风格、主题和表达方式等方面的理解和评价。

5. 协调能力

右脑长板突出的人的手眼协调能力和动作控制能力较强，能够更好地掌握并精确地执行手部动作，能够更有条理地安排时间、协调事情、分配任务。他们的视觉协调能力也较好，在绘画、摄影、设计等领域具有优势。

协调能力不仅取决于大脑的单一侧面发达与否，还由整体的神经协作和个人经验的综合影响所决定。因此，具有右脑长板的人呈现出来的长板优势可能会因个体差异而有所不同。

四、发挥右脑长板优势的工作技能及代表性职业

右脑长板涉及的工作技能主要有敏锐的感受力和表现力、协调能力、创造力、图像记忆能力和联想记忆能力、独特的鉴赏能力和判断力等。这些工作技能可以表现在唱歌、弹奏乐器、表演、录音、指挥、即兴创作、作曲、抄谱、编曲、听曲、辨别（音质）、调音、音乐赏析等方面。

发挥右脑长板优势的代表性职业主要有传媒类、表演类、绘画类、音乐类等。比如广告公司从业人员、文化传播公司从业人员、电视台从业人员、音乐环境工程设计从业人员、策划宣传人员、音乐编辑、职业编曲人、录音员、MIDI 音乐制作人、影视剧声音艺术设计工程师、舞台音响导演、声学工程师、音乐录音制作工程师、电影电视片尾曲插曲编辑工程师、演员、交响乐团成员、民族乐团成员、影视剧配音演员、歌唱家、唱作人等。

五、强化右脑长板优势的策略

右脑长板优势要得以发挥，需要探索有效的途径并运用科学的方法。

1. 寻找优质艺术资源

优质的艺术资源，可以有效地提高我们对艺术的理解和鉴赏能力。通过对艺术类作品的赏析，可以更好地解读和表达艺术。例如参加音乐鉴赏辅导、演奏乐器，以及观摩音乐会、画展等。

2. 参与多样化的艺术类活动

积极参与各种类型的艺术类活动，多样化的艺术类活动可以帮助人们发现自己的艺术才华，提升艺术技能，不断提高自己的艺术鉴赏和表现能力，也可以增强自信和提高社交技能。

3. 尝试创作

可以尝试在自己擅长的艺术领域进行创作，通过创作来验证自己的长板，并使长板优势得以发挥，让自己的优势显性化。

4. 重视艺术类情感发展

右脑长板优势的强化不能仅停留在关注技术、表演等方面，同样重要的是要关注艺术类情感的发展。人的个性、文化背景、艺术喜好等方面都会影响他们对艺术的认知和情感。因此，要注重情感体验，理解艺术的情感含义，这有助于人更好地表达艺术。

第四节　身体动觉长板

一、身体动觉长板的概念

身体动觉长板是指身体的协调、平衡、控制等方面的能力，表现为能够较好地控制自己的身体、对事件能够做出恰当的反应，以及善于利用身体语言来表达自己的思想和情感的能力。身体动觉长板包括对特殊的身体技巧的掌握能力，如平衡、协调、敏捷、力量、弹性和速度，以及由触觉引起的相关能力。

二、发挥身体动觉长板的优势

身体动觉长板突出的人，在运动表现、肢体语言表达和运动受伤风险等方面，具备独一无二的优势。

1. 更优异的运动表现

拥有身体动觉长板的人在各种运动中表现都很出色。他们更容易学习和掌握新的运动技能，具有卓越的身体协调能力和身体控制能力。能够快速学习各种新的运动技能，更快、更准确地执行各种运动任务。这使他们在运动竞技、健身和体能训练等运动领域有更大的优势。

2. 肢体语言表达更出色

身体动觉长板突出的人通常能够以独特的方式运用他们的身体，他们能够通过舞蹈、戏剧和其他艺术形式，将自己的思想和感情表达出来，通过肢体语言传递更深层次的信息。他们在肢体语言表达方面常常具有出色的表现，可以给观众留下深刻的印象。

3. 运动受伤风险更低

拥有身体动觉长板的人，对自己身体的感知更敏锐，能够更好地理解自己的身体状态和需求。相对于他人来说，他们能够更好地掌控自己的身体，并能够更快速地适应和应对运动过程中的变化，运动技巧更高，运动效率更佳，因此运动时受伤的概率更低。

三、与身体动觉长板相关的素养和能力

与身体动觉长板相关的素养和能力主要有身体感知能力、身体协调能力和快速反应能力。

1. 身体感知能力

拥有身体动觉长板的人能够以一种独特的方式体验和表达自己与周围环境的关系。身体感知和动作是他们理解世界的最好载体，能够帮助他们更深入地体验运动、音乐、自然等各种感官刺激。

值得一提的是，拥有身体动觉长板的人对触觉的感知更加敏锐，能够更准确地感知和辨别外界的触觉刺激。他们也更能感受到自己身体的状态和姿势，可以更好地调整和控制自己的身体姿势。

2. 身体协调能力

身体动觉长板突出的人，身体的肌肉力量、中枢神经系统处理信息的速度、各种感觉器官的功能及灵敏程度都很出色，能够更自如和协调地展示各种身体动作和姿势，能够精确地感知外界刺激并做出协调的反应。无论是运动、舞蹈还是其他需要协调动作的活动，他们的表现都很出色。

3. 快速反应能力

快速反应能力是身体动觉长板的表现之一。身体动觉长板突出的人通常具有较快的反应速度，能够迅速对外界刺激做出反应和调整。他们通常能够更快地学习和适应新的运动技巧和动作序列。他们往往具有更优的学习曲线，能够更快地适应不同的运动环境和要求。

四、发挥身体动觉长板优势的工作技能及代表性职业

身体动觉长板涉及的工作技能主要有平衡、抬举、提取、行走、跑步、手工艺制作、修复、清理、运送、制造、组合、安装、操作、整理、打捞抢救、表演、唱歌、模仿滑稽动作、服装展示、跳舞、户外活动等。

发挥身体动觉长板优势的代表性职业有复健物理治疗师、康乐活动辅导员、舞者、演员、模特、农夫、技工、木匠、手工艺品制作者、体育教师、工人、编舞者、职业运动员、森林管理者、珠宝商等。

五、强化身体动觉长板优势的策略

即使天生拥有身体动觉长板，也需要后天加以科学的训练和练习，才能发挥身体动觉长板的最大优势。

1. 探索不同的运动

积极尝试和参与不同类型的运动，如篮球、足球、游泳等，可以帮助人提高对身体位置、姿势和动作的感知能力，提高身体动觉的敏感度。还可以尝试参与瑜伽、太极和普拉提等运动，强化身体的平衡性、柔韧性。

闭眼行走、触摸不同材质的物体、练习身体平衡等活动，可以增强身体对外界刺激的感知能力，提高对身体各部位的感知和控制能力。

还可以利用身体动觉的优势进行创造性的表达和活动，例如舞蹈编排、体操创作等。通过发挥身体动觉的优势，可以创造出独特而有趣的身体表演或活动。

2. 刻意练习

刻意练习有别于简单重复的练习，是一种系统的、有目的的训练方式，旨在提高技能水平和专业能力。刻意练习这种练习方法最初由心理学家安德斯·艾利克森提出，并在其著作中得到深入阐述。

刻意练习可以帮助拥有身体动觉长板的人建立正确的动作模式。在练习过程中，可以刻意、不断地纠正自己的动作和姿势，以达到最佳的表现。通过不断地刻意练习，他们可以建立正确的动作模式，提高动作的准确性和稳定性，进而强化身体动觉长板优势。

后记

2013 年，成都锦城学院创始人、终身校长邹广严教授遵循高等教育教学规律和人才成长规律，创造性地提出了教育和人才培养的长板原理。为验证和发展这一理论，主编冯正广教授组织团队开展了长达十年的理论研究和实践运用研究，并在成都锦城学院即将迎来建校 20 周年之际将相关成果编制成书，作为对锦城教育创新的一份郑重的献礼！

教育不是培养平庸的完美，而是追求卓越的特色，没有个性化也就没有教育。人才培养个性化是工业化之后对教育标准化的一种突破，是适应信息化、智能化时代的一种必然。关于人的个性化培养，古今中外都有诸多经验，而长板原理就是关于人才个性化培养的一把理论利剑。特别是当今时代，伴随着机器人的自我学习能力越来越强，人工智能在某些领域已经拥有了超过人类的能力。在这种背景下，具备一些与众不同且无法被人工智能所替代的长板优势能力就显得尤为重要。帮助大学生挖掘和识别自己的长板，发展和发挥自己的长板，形成个人成长不可替代的核心竞争力，可以有效地促进大学生人生价值的实现。

在整体的研究中，结合邹广严校长提出的长板原理教育思想和一整套的实践体系，我们进一步地厘清了相关概念，细化了长板的类型，梳理了长板挖掘的路径，并就长板的发挥提出了实际的建议。我们在总结前人关于天赋、特长、优势智能等各种分类的基础上，结合时代发展，创新性地提出了更符合当下人才发展规律的长板类型，并编制开发了长板探测问卷及配套的系列长板挖掘方法，从观念、方法、行动上都能给读者以实际的帮助。通过这些可操作可应用的方式，可以真正让读者看到自己的个性差异，挖掘和识别自己的长板，发展和发挥自己的长板，形成个人成长不可替代的核心竞争力。

本书是集体智慧的结晶，编写分工如下。冯正广、苏斌进行了整体框架的搭建、各章核心理论的梳理和审定，陈程、李小红负责整体统稿。李小红同时进行了第一章全章和第二章、第三章部分内容的撰写。杨旭光、徐乐、邓禹、敬洁、王茜、张雅岚、陈豫分工完成了第三章和第四章内容的撰写。

在写作过程中，成都锦城学院创始人、终身校长邹广严教授，校长王亚利教授，校党委书记刘永湘教授在百忙之中对本书的写作给予了重要的指导，邹广严校长还亲自为本书作序，让编写组的老师深受鼓舞。成都锦城学院高等教育研究院院长温晶晶，党政办主任李秀锋对本书的研究工作给予了大力支持。北京大学出版社编辑们提出了很多宝贵的意见，并为本书的出版做了大量的工作。在此，全体编者对给予本书支持和帮助的领导、专家、学者和编辑们致以诚挚的谢意。

限于水平，本书难免有失当之处，真诚希望专家学者、师生读者朋友们批评指正，帮助我们修订完善。

编者

2024 年 11 月